ЗДОРОВЬЕ НОГ

избавляемся от варикоза, тромбофлебита и артроза

РИПОЛ КЛАССИК

Москва, 2011

УДК 616.7
ББК 54.102
З-46

Автор-составитель *Е. М. Сбитнева*

З-46 **Здоровье ног. Избавляемся от варикоза, тромбофлебита и артроза**/ Авт.-сост. Е. М. Сбитнева.— М. :
РИПОЛ классик, 2011. — 192 с. : ил.

ISBN 978-5-386-02817-6

Книга «Здоровье ног. Избавляемся от варикоза,
тромбофлебита и артроза» представляет собой медицинский
справочник, в котором описываются меры профилактики и
лечения наиболее часто встречающихся заболеваний. Также
в этом издании даются советы по проведению самомассажа и
определению диагноза в домашних условиях.

Книга ориентирована на широкий круг читателей.

Книга ранее выходила под названием «Лечение
болезней ног и варикозного расширения вен» в серии
«Простые советы для здоровья».

УДК 616.7
ББК 54.102

ISBN 978-5-386-02817-6

ВВЕДЕНИЕ

Болезни ног и варикозное расширение вен — наиболее распространенные проблемы, с которыми чаще всего сталкивается большинство людей, особенно в возрасте после 30 лет. Эти заболевания тем более опасны, что ими страдают даже молодые люди в возрасте около 20 лет. Именно поэтому на них стали обращать больше внимания, чем раньше.

В настоящее время появилось большое количество методик лечения данных заболеваний. Среди них одно из первых мест по-прежнему занимают различные способы лечения лекарственными растениями, мазями и кремами, изготовленными на их основе, комплексы гимнастических упражнений, физиотерапевтических процедур и пр.

В книге «Лечение болезней ног и варикозного расширения вен» содержится подробная информация о болезнях суставов ног и описание признаков, которые помогут даже людям, далеким от медицины, определить серьезное заболевание и вовремя обратиться к врачу.

Также в этом издании можно ознакомиться со способами оказания первой медицинской помощи при таких травмах ног, как ушибы, растяжения связок, переломы.

В книге приведены наиболее широко используемые методы лечения, которые назначает специалист при выявлении того или иного заболевания, а также рекомендации по его профилактике.

В отдельной главе приведены сведения о распространенной болезни — варикозном расширении вен на ногах, даны советы по диагностике заболевания на ранних этапах, рассказывается о наиболее популярных способах лечения. Тем, кто хочет сделать ноги стройными и красивыми, избавиться от «звездочек», предлагается специальный комплекс гимнастических упражнений.

ГЛАВА 1

Заболевания суставов ног и околосуставных тканей

Любое движение человеческого тела в первую очередь означает движение суставов. Суставы — это соединения двух или нескольких костей между собой. Места данных соединений заключены в сумку сустава наружной и внутренней оболочкой. Внутренняя оболочка выделяет особую синовиальную жидкость, которая содержится в полости сустава между сочленяющимися костями.

Связки, также относящиеся к суставным образованиям, укрепляют суставы, регулируют подвижность сочленяющихся костей, а также замедляют движения при большом размахе. В некоторых суставах, например коленном, имеются хрящевые пластинки (диски), которые делят полость сустава на два отдела. Диски с отверстиями называются менисками.

Суставные поверхности покрыты хрящом, который снижает трение костей друг о друга. Также хрящ одновременно является своего рода хранилищем суставной, или синовиальной, жидкости. Чем больше кости давят друг на друга, тем больше выделяется этой смазки. При хроническом снижении амплитуды движения, например в старческом возрасте или при ведении пассивного образа жизни, происходит рассасывание хряща и обнажение кости на краях суставной поверхности.

Конец кости с выпуклой поверхностью называется головкой сустава, с вогнутой — ямкой.

Тазобедренный сустав соединяет кости таза с бедренной костью. Сустав представляет собой шарнирную конструкцию, которая, благодаря своей форме, обеспечивает большую свободу движений. Элементами тазобедренного сустава являются вертлужная впадина (тазовая часть) и головка бедренной кости (бедренная часть). Все компоненты сустава покрыты хрящевой тканью и спрятаны под суставной сумкой. Внутри суставной сумки слой специальных клеток продуцирует синовиальную жидкость, которая, во-первых, питает хрящевую ткань, а во-вторых, обеспечивает свободное скольжение поверхностей сустава.

Синовиальная жидкость является в некотором роде амортизатором, предохраняющим тазобедренный сустав от большого давления, оказываемого на него в течение жизни. Компоненты сустава также соединены связками, которые обеспечивают необходимую стабильность. Движения в суставе осуществляются благодаря мышцам и сухожилиям.

Коленный сустав — один из самых сложных в организме человека. У большинства людей в коленном суставе наблюдается полное сгибание (до соприкосновения икроножной мышцы с задней поверхностью бедра), а также разгибание, когда голень составляет одну прямую линию с бедренной костью. Именно поэтому нет острой необходимости проводить тренировки, направленные на увеличение подвижности в суставе. Однако об укреплении сустава следует обязательно позаботиться дополнительно.

Один из способов укрепления сустава — это повышение прочности боковых связок и сумки, особенно в задней ее части, а также упругости мышц голени и бедра. С этой целью врачи рекомендуют различные специальные упражнения и приемы массажа, о которых будет рассказано ниже.

Все заболевания суставов и околосуставных тканей делятся на две большие группы: воспалительные и обменные.

В основе воспалительных заболеваний лежит воспалительная реакция, развивающаяся в суставе и околосуставных тканях. Большинство подобных заболеваний называют аутоиммунными, то есть обусловленными реакциями иммунитета, направленными против собственных тканей и органов (понятие «аутоиммунитет» означает «иммунитет, направленный против себя», в то время как иммунитетом называют защитную реакцию организма на внешние факторы).

В основе обменных заболеваний лежат различные нарушения метаболизма, или обмена веществ, в результате чего происходит изменение различных биохимических реакций, происходящих в тканях суставов. Таким образом, хрящевая ткань с течением времени начинает разрушаться, в ней откладываются различные соли. Все это приводит к изменению поверхности сустава и структуры хряща.

Артриты

Артриты характеризуются выраженным болевым синдромом, особенно при движениях, нередко наблюдаются ограничения подвижности сустава, припухлость, изменение формы, иногда кожа над ним краснеет, появляется лихорадка. Заболевание одного сустава называется моноартритом, нескольких — полиартритом. Артрит может начаться сразу и, как правило, сопровождаться высокой температурой и сильными болями в суставе (острый артрит) или развиваться постепенно (хронический артрит). Причиной возникновения артритов в основном являются инфекционные заболевания.

В народе артрит чаще всего относят к общей группе заболеваний, связанных с болезнями суставов, которые определяют как ломоту суставов.

Ввиду сложности и многообразия причин, вызывающих данное заболевание, его лечение назначает только специалист.

Лечение

Замечено, что больным артритом помогает употребление в любом виде спаржи, яблок, щавеля, черники, костяники, облепихи, черной смородины и рябины. Наряду с медикаментозными препаратами, посоветовавшись с врачом, можно применять народные средства.

Народные средства, предназначенные для приема внутрь:

1. Настой и отвар череды трехраздельной принимают внутрь и используемых для ванн. Для приготовления настоя 1 столовую ложку сухого сырья заливают 1 стаканом кипятка, настаивают под крышкой в течение 15—20 минут. Для приготовления отвара 2 столовые ложки травы заливают 2 стаканами горячей воды, кипятят в течение 10 минут, затем остужают и процеживают.

2. Отвар листьев брусники обыкновенной: 2 чайные ложки сухого сырья заливают 1 стаканом кипятка и кипятят 15 минут. Охлаждают и процеживают. Принимают в течение дня. Можно принимать также и настой листьев брусники: 1 столовую ложку листьев заливают 1 стаканом кипятка и настаивают 20 минут. Принимают по 1 столовой ложке 3—4 раза в день.

3. Настой из трав бедренца и камнеломки: 1 столовую ложку сухой измельченной смеси заливают 1 стаканом кипятка, настаивают 15 минут. Принимают по 1 столовой ложке 4 раза в день.

4. Настой травы первоцвета весеннего: 1 чайную ложку травы заливают 1 стаканом кипятка, настаивают 20 минут. Принимают по $1/2$ стакана 3 раза в день. Свежую траву можно добавлять в супы и окрошку.

5. Настой травы крапивы двудомной: 1 чайную ложку травы, залитой 1 стаканом кипятка, настаивают 15–20 минут, процеживают. Принимают по $^1/_2$ стакана 3 раза в день.

В китайской и тибетской народной медицине для лечения артрозов и артритов применяют портулак огородный.

6. Отвар корневищ пырея ползучего: 4 столовые ложки измельченных корневищ заливают 5 стаканами воды, кипятят до тех пор, пока в емкости не останется $^1/_4$ от прежнего объема жидкости. Принимают по 1 столовой ложке 5 раз в день.

7. Настой листьев багульника болотного: 1 чайную ложку сухих измельченных листьев и молодых побегов заливают 2 стаканами кипящей воды, настаивают 30 минут. Принимают по 1 столовой ложке 3 раза в день.

Народные средства, предназначенные для наружного применения:

1. На ночь на больные суставы рекомендуется накладывать листья мать-и-мачехи, лопуха или капусты. Если запастись терпением, данный метод поможет надолго избавиться от боли.

2. Снижению болевых ощущений и уменьшению воспалительного процесса способствуют компрессы из эвкалиптового масла, мази из цветков донника лекарственного, шишек хмеля обыкновенного или цветков зверобоя продырявленного. Для приготовления мази берут 2 столовые ложки высушенных растений, тщательно смешивают их с 50 г вазелина.

Данную мазь рекомендуется хранить в сухом прохладном месте.

3. Для уменьшения боли к суставам прикладывают обернутые в полиэтиленовую пленку и сухое полотенце распаренные травы донника лекарственного, ромашки аптечной, бузины черной и хмеля обыкновенного. Данные растения можно использовать как все вместе, так и каждое по отдельности. Травы заливают небольшим количеством воды, нагревают почти до кипения, затем процеживают и еще горячую массу прикладывают к больным суставам на 15—20 минут. Такое лечение продолжают в течение 10—15 дней.

4. Для компрессов и втираний используют кашицу из корней хрена.

5. Отвар овсяной соломы: 100—200 г сухой травы заливают 5 л кипятка и кипятят в течение 30 минут. Затем снимают емкость с плиты, остужают до 37° С. В отвар этой температуры погружают ноги на 20—30 минут.

Курс лечения — 5—6 ванн.

Артрозы

Артроз — хроническое заболевание суставов, околосуставных мышц, сумок и связок, а также суставного хряща, возникающее вследствие длительного травмирования суставов, при эндокринных расстройствах, избыточном весе, нарушении обменных процессов в организме. Одной из причин артрозов стопы, например, может быть длительное ношение тесной обуви. Поражение может касаться как крупных (тазобедренных, голеностопных, коленных), так и мелких (на стопе) суставов. Иногда на поверхности сустава образуются шипообразные костные разрастания.

При артрозе суставы могут припухать, возможно изменение формы, утолщение и деформация больших пальцев ног.

У молодых пациентов наблюдаются так называемые первичные артрозы, проявляющиеся периодическими болями в суставах в состоянии покоя и проходящими при движении, болезненностью при ощупывании, ограничениями подвижности, характерными щелчками или хрустом при движениях. Все эти нарушения обычно не бывают связаны с физической нагрузкой.

У пациентов старшего возраста (после 45 лет) указанные выше симптомы появляются в результате физической работы, спортивных упражнений, значительного увеличения массы тела. Кроме того, больные жалуются на затруднения и болевые ощущения, опухание и деформацию суставов. Обострению артроза, как правило, предшествуют любые неинфекционные заболевания.

Лечение

Лечение артроза зависит от того, какой сустав поражен, а также от стадии заболевания. Цель лечения артроза — нормализация обменных процессов в организме и устранение перегрузки в области пораженного сустава.

В качестве вспомогательного средства рекомендуется принимать настои и отвары лекарственных растений:

Народные средства, предназначенные для прием внутрь

1. Настой травы тимьяна ползучего: 1,5 столовой ложки сухой измельченной травы заливают 1 стаканом кипятка, настаивают в течение 20 минут. Принимают по 1 столовой ложке 3—4 раза в день. Данный настой можно использовать и наружно.

2. Отвар корней и листьев одуванчика лекарственного: 1 чайную ложку сухого сырья заливают 1 стаканом горячей воды, настаивают 30 минут, процеживают. Принимают по 1 столовой ложке 3 раза в день до еды. Измельченную траву можно использовать для компрессов на больные суставы.

3. Берут по 1 чайной ложке травы вереска обыкновенного и листьев ежевики сизой, по 1 столовой ложке листьев березы бородавчатой и мать-и-мачехи, смешивают, измельчают, заливают 2 стаканами воды и варят в течение 10 минут, после чего процеживают. Принимают по 1 стакану 2—3 раза в день.

При лечении артрозов можно принимать настои и отвары тех же растений, что и при лечении артритов.

4. Требуется по 1 столовой ложке листьев копытня европейского, цветков арники горной, боярышника колючего, фиалки трехцветной, коры крушины ломкой, хвоща полевого, травы и корней чистотела большого. Растения измельчают, 1 столовую ложку приготовленной смеси заваривают в 1 стакане кипятка и пьют, как чай.

Народные средства, предназначенные для наружного применения:

1. На ночь больные суставы рекомендуется обертывать листьями мать-и-мачехи или лопуха, зимой — капустными листьями.

2. Для уменьшения боли и снятия воспалительного процесса рекомендуется применять компрессы из мази, приготовленной из 2 столовых ложек высушенных и измельченных цветков зверобоя продырявленного или шишек хмеля обыкновенного, смешанных с 1 столовой ложкой вазелина и 1 чайной ложкой эвкалиптового масла.

3. Горячие компрессы для суставов: любые из приведенных выше растений запаривают в небольшом количестве воды, после чего остаток жидкости процеживают, а горячую массу укладывают в специально приготовленный мешочек, сшитый из двух слоев: первый — полиэтиленовый, второй — матерчатый. Приготовленную таким образом подушечку прикладывают к больному суставу на 30 минут. Лечение продолжают в течение 2 недель.

4. 15 г сухих листьев черники обыкновенной заваривают в 1 стакане кипятка, настаивают 5 минут, процеживают и накладывают горячие листья на больной сустав

Боль в суставах

Боль в суставах — нарушение, сопровождающее такие заболевания суставов ног, как остеоартрит и ревматизм. Также боль в суставах может появиться в результате травм ног.

Нужно обязательно обратиться к врачу при появлении следующих признаков :

— сильная боль в суставе;

— боли в суставе, продолжающиеся более 5 дней;

— повышение температуры, отечность в области сустава и покраснение кожи.

При травме сустава, например при ударе или растяжении связок, также появляется боль вследствие повреждения хряща или связки. Часто бывает так, что боль, которую пациент чувствует, на самом деле локализуется совсем в другом месте. Например, при артрите тазобедренного сустава боль ощущается в здоровом коленном суставе.

Отличное средство при болях в суставе: нужно зайти в воду до уровня бедер и передвигаться по возможности быстро.

К числу других причин болей в суставах относятся инфекционные заболевания, расстройства эндокринной и нервной систем, иногда — онкологические заболевания.

Лечение

При появлении болей важно, чтобы врач правильно установил диагноз. Если подобные нарушения связаны с остеоартритом, лечение будет включать специальные препараты, инъекции и физические упражнения. При подагре или ревматоидном артрите показаны средства, снимающие воспаление, температуру и отечность тканей. В качестве вспомогательных, предварительно посоветовавшись с врачом, можно использовать нижеперечисленные средства

1. При давних болях помогут теплые компрессы: полотенце, смоченное в горячей воде, прикладывают к больному суставу, сверху укутывают сухим полотенцем и оставляют так на некоторое время.

2. Если боль появилась недавно и связана с травмой или любым другим нарушением, вместо тепла можно использовать холодные примочки, например грелку с ледяной водой. Положить ее на больной сустав и оставить так на 20 минут.

3. При появлении боли в суставах ног следует обеспечить их полную неподвижность. На работе следует регулярно устраивать 15-минутные перерывы, во время которых подержать ноги в приподнятом положении и расслабиться.

4. Боли можно уменьшить с помощью препаратов, которые выпишет врач. Следует помнить о том, что продолжительный прием, например, ибупрофена увеличивает риск возникновения язвенной болезни. Если после ежедневного приема 4 таблеток ацетилсалициловой кислоты боли в суставе стали незначительными, лекарства можно принимать по другой схеме: 2 таблетки ацетилсалициловой кислоты и 2 таблетки ацетаминофена в день. В результате уменьшится раздражающее действие противовоспалительных препаратов на слизистую желудка.

5. При изменениях мягких тканей вокруг суставов важно поддерживать подвижность сус-

тавов, что позволит предупредить уплотнение окружающих тканей и усиление боли.

Замечено, что боль в суставах становится практически незаметной, если постоянно заниматься умеренными физическими упражнениями, например плаванием или ходьбой по воде или прибрежному песку. Танцы и занятия на велотренажере также помогают справиться с болью.

6. Для облегчения боли можно использовать трициклические антидепрессанты, помогающие при бессоннице и усталости. Если принимать данные препараты в небольших дозах, привыкания не возникает.

Врач может направить больного к специалисту по физическим методам лечения, с помощью которых можно восстановить нормальное кровообращение в суставе, воздействуя на прилегающие к нему связки и мышцы и тем самым способствуя скорейшему выздоровлению. Также пациента обучат различным упражнениям для восстановления подвижности сустава.

В отличие от аспирина ацетаминофен не обладает противовоспалительным действием, однако его назначают в качестве эффективного средства с обезболивающим эффектом, легко переносимого желудком.

Компрессы и ванны для больных суставов

Боли в суставах наиболее часто начинают проявляться поздней осенью, при перепадах температуры, порывистом ветре и снеге с дождем. Обычно в этот период в суставах появляются ломота и затяжные ноющие боли, изматывающие пациента. Облегчить такое состояние можно с помощью народных средств.

Больные суставы принято растирать мазями и маслами, использовать теплые компрессы и примочки, лечебные ванны. Известны рецепты различных лечебных средств, используемых в народной медицине как для наружного, так и для внутреннего применения. Например, при обострении артрита, артроза или при суставных болях другого происхождения помогает чеснок. При малейших недомоганиях следует натереть несколько долек чеснока и отжать сок. Принимать по 10 капель 4 раза в день, запивая теплым молоком, а на ночь привязывать к больному месту марлевую повязку, смоченную в чесночном соке. Кожу предварительно нужно обработать каким-либо растительным маслом или вазелином.

В старину целители рекомендовали при болях в суставах съедать измельченные на мелкой терке вместе с кожурой 1–2 сырых клубня картофеля.

Также можно подготовить раствор для растирания. Для этого понадобится бутыль емкостью 0,5 л из темного стекла, на ее дно нужно положить небольшой кусочек кристаллов камфоры, бутыль на $1/_3$ наполнить скипидаром, на $1/_3$ — любым растительным маслом, но лучше всего облепиховым, оставшуюся часть заполнить разведенным спиртом или 40%-ной водкой. Бутыль следует тщательно встряхнуть, хранить в темном прохладном месте. Приготовленным составом натирают досуха больные суставы перед сном, а затем обвязывают растертую область теплым шарфом. Также полезно периодически прикладывать к больным суставам цельные картофельные клубни, одновременно рекомендуется пить отвар из-под сваренного в мундире картофеля по $\frac{1}{2}$ стакана 3 раза в день: утром натощак, перед обедом и перед сном.

Для снятия суставных болей можно использовать компрессы и втирания из измельченных на терке редьки, репы или корней хрена. Прекрасное средство — растирание больных суставов пихтовым маслом; на суставы предварительно следует наложить компресс из прогретой на рыбьем жире морской соли.

Ослабить боли в суставах стоп можно с помощью еловых ванн. Готовят их следующим образом: 100 г свежих веточек ели заливают 5 л кипятка, настаивают 30 минут, затем настой остужают до 37—38° С и погружают в него больные ступни на 30 минут. Затем ноги следует укутать и лечь в постель. Мак повторяют каждые 2 дня. Курс лечения составляет 5—7 ванн.

Так как одной из причин болей в суставах является отложение солей, можно провести очистку суставов следующим способом: 1 столовую ложку лавровых листьев заливают 2 стаканами воды, ставят на огонь и кипятят в течение 15 минут. Готовый отвар, не процеживая, сливают в термос емкостью 0,5 л, добавляют кипяченую воду и настаивают 2 часа. Настой процеживают и принимают по 1 стакану в день небольшими глотками. Через 7—10 дней очистку суставов рекомендуется повторить. Также периодически следует соблюдать 2-дневную диету, во время которой ежедневно нужно употреблять 300 г ржаного хлеба и 1,5 кг мякоти арбуза.

Воспаление суставов

Воспаление суставов — симптом какого-либо заболевания, сопровождающегося повышением температуры, отечностью тканей, резкой болью в области сустава, покраснением кожи. Эти явления не проходят даже после применения такого препарата, как ибупрофен.

Наиболее распространенной причиной воспаления суставов является одна из форм артрита — остеоартрит при котором на обращенной полость сустава поверхности кости образуются небольшие выступы-шпоры, прорастающие в мышцы, сухожилия и связки, в результате чего появляется их воспаление.

Другая форма артрита — подагра. Она характеризуется периодическими приступами, сопровождающимися острыми болями с четкой локализацией, чаще всего боли возникают в больших пальцах ног, где образуются подагрические узелки. Воспаление

Приступы подагры иногда продолжаются 5–7 дней.

суставов возникает вследствие отложения в них мочевой кислоты, кристаллы которой по своему строению напоминают осколки стекла. Заболевание связано с нарушениями обмена веществ и избыточным образованием мочевой кислоты.

Третий тип артрита — ревматоидный. Он встречается довольно редко.

Другое аутоиммунное заболевание, сопровождающееся воспалением суставов, — волчанка.

Иногда поражения суставов бывают так называемого собственно-инфекционного происхождения, когда воспаление, например, коленного сустава развивается вследствие распространения микробов после укуса оленьего клеща.

Также воспаление сустава может начаться после получения травмы.

Лечение

Первое, что предстоит сделать, — выяснить причину воспаления сустава. Если оно появилось, например, в результате ушиба колена, то обычно сопровождается покраснением и повышением температуры тела.

В остальных случаях для постановки диагноза требуется помощь специалистов. Как правило, для более точного определения характера заболевания может понадобиться пункция сустава для забора части жидкости, в которой иногда обнаруживается кровь как последствие недавней травмы, микроорганизмы, кристаллы мочевой кислоты или сыворотка. Следует осторожно принимать даже назначаемые врачом медикаментозные препараты. Дело в том, что,

Мера оказания первой медицинской помощи при повреждении сустава: повязка или шина с эластичным бинтом, чтобы обеспечить больному суставу неподвижность (для ослабления болевых ощущений).

например, ревматоидный артрит лечат метотрексатом, замедляющим процесс разрушения сустава, и нестероидными противовоспалительными средствами.

При приеме нестероидных средств обязательно нужно следовать аннотациям к ним.

Существует несколько способов уменьшения боли при воспалительных явлениях, сопровождающих подагру. Больному суставу следует придать приподнятое положение и по возможности обеспечить его неподвижность. Необходимо пить как можно больше жидкости, не менее 2 л в день, лучше всего травяного чая, для выведения из организма мочевой кислоты и предотвращения образования камней в почках.

При лечении рекомендуется использовать препараты кратковременного действия, обычно назначаемые во время приступа. Для уменьшения боли и воспалительных явлений врач может назначить один из таких препаратов, как индоцин, напросин или вольтарен.

При продолжительных и тяжелых приступах показан кортизон в таблетках или в растворах. Следует помнить о том, что препараты, принимаемые при лечении других заболеваний, могут спровоцировать приступ подагры. Поэтому о них следует обязательно сказать лечащему врачу.

Особое внимание следует уделить своему рациону, не включать в него продукты с большим содержанием пуринов — такие, как субпродукты (печень, сердце, легкие), соусы и морепродукты (хамсу, сардины и сельдь). Для того чтобы оградить организм от вредного действия пуринов, врач назначает аллопуринол — препарат для выведения из организма мочевой кислоты.

Применение средств фитотерапии при воспалении суставов.

1. 1 чайную ложку листьев и корней одуванчика лекарственного заливают 1 стаканом кипятка, настаивают 1 час, затем процеживают. Приготовленный настой принимают по $1/4$ стакана 4 раза в день за 30 минут до еды.

Воспалительное заболевание суставов после укуса клеща лечат антибиотиками, которые вводят внутривенно. Курс лечения составляет 3—4 недели.

2. 1 чайную ложку коры ивы белой заливают 2 стаканами охлажденной кипяченой воды, настаивают 4 часа, процеживают. Принимают по $1/2$ стакана 2—4 раза в день за 30 минут до еды. Также рекомендуется делать компрессы из распаренной ивовой коры и ее отвара.

3. 5 столовых ложек хвои можжевельника, 2 столовые ложки луковой шелухи, 2 столовые ложки ягод шиповника измельчают, заливают 1 л кипящей воды и варят на медленном огне 10 минут, затем емкость снимают с огня и оставляют для настаивания на ночь, утром процеживают и принимают в течение дня. Курс лечения составляет 1—1,5 месяца.

Искусственные суставы

С возрастом человек начинает ощущать боль и скованность движений в суставах ног. Чаще всего это случается с коленными суставами. Если принимаемые пациентом лекарства и препараты не приносят ощутимого эффекта, показана артроскопия — оперативное вмешательство, выполняемое следующим образом: через небольшие отверстия в сустав вводят миниатюрную видеокамеру и микроинструменты, с помощью которых сустав промывают, удаляют из него мелкие кусочки поврежденной хрящевой ткани, костные осколки, а затем шлифуют его внутреннюю поверхность. После проведения этой микрооперации исчезают болезненные ощущения в суставе, человек вновь может нормально ходить.

При более серьезном повреждении сустава требуется его замена на искусственный. Эта операция называется эндопротезированием.

Современные эндопротезы изготовлены из биологически инертного материала, не вызывают реакции отторжения.

В течение нескольких месяцев после операции наблюдается восстановление мышц и связок. С течением времени 95% пациентов перестают ощущать искусственные суставы и даже через 10 лет после операции чувствуют себя превосходно.

Одним из самых серьезных осложнений операций по протезированию суставов является инфицирование протеза, при котором начинается разрушение окружающих протез тканей, в результате чего повторное оперативное вмешательство практически невозможно. Поэтому ученые продолжили работу над усовершенствованием искусственных суставов. Так, например, на симпозиуме Американского общества микробиологов специалисты из исследовательского института Allegheny Singer представили протез бедренного сустава, который выделяет антибиотики в окружающие ткани.

Данный сустав представляет собой гибрид обычного металлического искусственного сустава и беспроводного инжектора, в котором имеется емкость с раствором антибиотика, а также электронный микродозатор, контролирующий поступление препарата в ткани.

Когда врач обнаруживает признаки воспаления в области протеза, он с помощью специальных приспособлений активирует систему подачи антибиотика так, чтобы данный лекарственный препарат попал в точку инфицирования.

Эндопротезирование представляет собой замену поврежденного сустава искусственным. Этот вид оперативного вмешательства является едва ли не основным достижением XX в. В конце XIX в. простая конструкция тазобедренного сустава вдохновила врачей на изготовление искусственного. С течением времени совершенствование техники операции и используемых материалов привели к огромным достижениям в области тотального эндопротезирования тазобедренного сустава. Например, в 2004 г. в Европе было произведено около 400 тыс. операций по замене тазобедренного сустава на эндопротез.

Конструкция эндопротезов полностью воспроизводит человеческий сустав. Эндопротез состоит из двух основных частей: чашки и ножки. Шаровидная головка располагается на ножке и вставляется в чашку эндопротеза. Материалы, используемые для искусственного сустава, представляют собой специальные сплавы сверхпрочного полиэтилена и керамики, разработанные для эндопротезирования. Эти материалы обеспечивают отличную тканевую совместимость, абсолютно безболезненное движение, максимальную прочность и долговечность эндопротеза.

Обычно поверхности эндопротеза, контактирующие друг с другом, включают керамическую или металлическую головку, установленную в полиэтиленовой чашке. Они могут быть также полностью металлическими или керамическими.

Выделяют три типа фиксации эндопротезов:
— эндопротез с бесцементной фиксацией, которая в этом случае достигается путем прорастания окружающей костной ткани в поверхность эндопротеза;
— эндопротез с цементной фиксацией с помощью специального костного вещества;
— комбинированный эндопротез, в котором чашка с бесцементной фиксацией, а ножка — с цементной.

Существует огромный выбор моделей для всех типов эндопротезов, производящихся в необходимой гамме размеров. Выбор типа эндопротеза определяется физиологическими особенностями, медицинскими показаниями, а также возрастом, весом и степенью физической активности пациента. От удачного выбора во многом зависит успех проведения операции.

Прежде всего хирург проведет предоперационное планирование, во время которого он определит размер, модель эндопротеза и расположение его частей. Следует помнить о том, что в ходе операции иногда возникает необходимость установки эндопротеза другого размера.

Решение об операции принимается только самим пациентом. Следует признать, что сильные боли и прием постоянно меняющихся обезболивающих препаратов, а также увеличение доз для пациентов настолько невыносимы, что операция становится жизненно необходимой.

Нужно правильно подготовиться к имплантации эндопротеза. В течение предоперационного периода следует отказаться от курения, сесть на диету, провести лечение возможных очагов хронической инфекции, посетить стоматолога.

Операция по эндопротезированию суставов ног всегда связана с определенной потерей некоторого количества крови.

Операцию проводят под общей, комбинированной или регионарной анестезией.

Регионарная анестезия нижней конечности влияет на общее состояние в меньшей степени и является более предпочтительной. Также пациентам вводят успокоительные препараты.

За день до операции врач знакомит пациента с методами введения анестезии и ходом самой операции. Он обязательно выяснит, нет ли у больного непереносимости некоторых лекарств, подберет оптимальные.

При имплантации искусственного сустава делается разрез на коже не более 20 см в длину.

После установки искусственный сустав проверяется на подвижность, а затем производится зашивание операционной раны. Дренаж, введенный в рану, предотвращает накопление просачивающейся крови. После операции накладывается давящая повязка (бандаж) и производится первая контрольная рентгенография. Вся операция обычно занимает не более 2 часов.

Процедура имплантации искусственного сустава является обычной операцией, однако и после нее возможны некоторые осложнения, которые тем не менее не должны являться поводом для особого беспокойства.

После операции иногда появляются гематомы, но они, как правило, проходят в течение 5—7 дней. К образованию кровяных сгустков, или тромбозам, может привести повышенная свертываемость крови, в результате чего может развиться легочная эмболия, так как кровяной сгусток может достичь легких. Для уменьшения риска тромбоза до и после операции назначают специальные препараты в виде таблеток или инъекций, бинтование эластичным бинтом голени и стопы, ношение чулок и комплекс ЛФК.

Иногда в области операционной раны возникает инфекция — редкое осложнение, которое лечат антибиотиками. Это осложнение может привести к воспалению тканей вокруг эндопротезов и, следовательно, к необходимости его удаления и повторной операции.

Дислокация, вывих — эти осложнения возникают довольно редко, как правило, в раннем послеоперационном периоде, пока не зажили мягкие ткани, и встречаются только в случаях чрезвычайной двигательной активности или в результате падений. В этом случае врач проводит вправление смещенного эндопротеза под анестезией. После операции пациента переводят в реанимационную палату для непрерывного наблюдения, где ему назначают медикаментозные препараты в виде инъекций капельным путем.

В случае местного обезболивания чувствительность в конечности восстановится в течение нескольких часов. После операции рана будет болеть некоторое время. При сильной боли необходимо обязательно сообщить об этом хирургу для принятия необходимых мер. Через 2—3 дня после операции больной может приступить к упражнениям для разрабатывания искусственного сустава, в результате чего риск возможных осложнений будет сведен к минимуму.

Рекомендации для послеоперационных больных

Если врачом по каким-либо причинам не назначено лечение, можно воспользоваться приведенными ниже рекомендациями.

После операции следует в течение 10—12 недель ходить на костылях, наступая на оперированную ногу не полностью.

Полностью наступать на ногу можно только после разрешения врача.

Спускаться с постели нужно следующим образом: подкладывать под оперированную ногу здоровую и перемещать ее до пола.

На стул или кровать нужно садиться, немного отставляя оперированную ногу в сторону, делая больший упор на ягодицу здоровой ноги (в том случае, если был оперирован тазобедренный сустав).

В положении лежа можно выполнять следующие упражнения: поднимать выпрямленную оперированную ногу примерно на 90°.

Стоя на костылях, рекомендуется отводить оперированную ногу в сторону и выполнять движения вперед-назад так, чтобы напрягались мышцы бедра.

С разрешения врача через 3 месяца вместо костылей можно начинать использовать трость. Этот переход должен быть постепенным, в течение недели.

Через 3 месяца после операции врач назначит проведение сеанса массажа. Предварительно следует сделать рентгеновский снимок для контроля процесса заживления и определения возможных осложнений.

Обычно при ощущении боли в оперированном суставе принимают индометацин, хотя лучше всего предварительно проконсультироваться с врачом, который может порекомендовать другие лекарственные средства.

В течение первых месяцев после операции на

тазобедренном суставе рекомендуется держать между бедер специальный валик диаметром 10—15 см.

Любые сиденья должны быть высокими. Если их нет, следует использовать различные подушки.

Первые несколько дней после операции запрещено:

— сидеть на низком стуле;

— класть ногу на ногу и перекрещивать ноги, лежа на боку;

— производить резкие повороты корпуса при фиксированной тазовой части;

— ложиться на здоровую сторону без специального валика между бедер.

Данные действия могут привести к вывиху головки эндопротеза, что может повлечь за собой необходимость повторного оперативного вмешательства.

Ограничение подвижности суставов

Данное нарушение проявляется следующими признаками:

— продолжается более 6 месяцев;

— возникло в результате сильного ушиба;

— сильно выражено утром, а в течение дня ослабевает.

Ограничение подвижности суставов в основном бывает связано с изменениями в организме в процессе старения, а не с болезнями суставов ног, например артритом. С течением времени суставы теряют устойчивость, изнашиваются, происходит сокращение мышц вокруг сустава, что влечет за собой ограничение его подвижности.

Замечено, что ограничение подвижности чаще всего бывает связано с утренним подъемом с кровати, однако в течение всего дня мышцы и связки разрабатываются, и к вечеру боль утихает. Также в некоторых случаях отмечается отечность тканей, несмотря на то что последнее нарушение более характерно при травмах ног.

У больных после тяжелых травм ног ограничение подвижности и окостенение суставов бывает связано с невыполнением упражнений.

Иногда ограничение подвижности суставов может быть связано с некоторыми неврологическими и мышечными расстройствами.

Лечение

При выраженном или продолжительном ограничении подвижности суставов следует обратиться к врачу для уточнения диагноза. Однако предварительно следует принять некоторые меры, обеспечивающие минимальный комфорт за счет расслабления скованных суставов.

Прежде всего следует расслабить суставы с помощью тепла: полотенце проглаживают утюгом и, пока оно еще горячее, обертывают им больной сустав; оставляют на 2—3 минуты. Также можно использовать другой способ: намочить полотенце в горячей воде, обернуть им сустав, сверху укутать сухим полотенцем и оставить так на 20 минут.

На начальной стадии данного нарушения можно попробовать принимать такие препараты с противовоспалительным действием, как адвил или наприн, запивая таблетки 1 стаканом молока.

Также по 2 таблетки одного из препаратов рекомендуется принять на ночь, и уже утром можно заметить некоторое облегчение.

Указанные выше препараты также уменьшают боль в суставах. Следует помнить о том, что длительное применение любых лекарств, принимаемых перорально, может вызвать нарушение деятельности желудочно-кишечного тракта, поэтому их следует запивать 1–1,5 стакана молока для смягчения возможных побочных эффектов.

20-минутные прогулки, совершаемые хотя бы 3—4 раза в неделю, могут послужить мерой профилактики при ограничении подвижности суставов.

С ограничением подвижности суставов можно справиться с помощью различных физических упражнений. Комплекс подобных упражнений для каждого пациента подбирается индивидуально.

Важно помнить о том, что все движения должны быть плавными, нерезкими. Иногда требуется полностью изменить стиль жизни: если раньше пациент передвигался очень быстро, теперь от этого придется отказаться.

Регулярное выполнение упражнений позволит надолго сохранить гибкость суставов.

Остеоартроз

Остеоартроз — хроническое заболевание суставов, которое прежде всего поражает суставный хрящ.

Несведущие в медицине люди для обозначения этой болезни употребляют термин «отложение солей», что не совсем правильно, поскольку при остеоартрозе происходит не отложение солей в суставном хряще, а нарушение в нем обменных процессов.

Иногда остеоартроз называют деформирующим остеоартрозом, или остеоартритом.

Нарушение обменных процессов в суставном хряще приводит к потере его эластичности и растрескиванию.

Следовательно, скольжение суставных поверхностей друг о друга происходит значительно тяжелее, чем у здорового человека. В дальнейшем в суставе возникают боли, со временем он теряет подвижность.

Лечение

При лечении данного заболевания необходимо, чтобы диагноз поставил врач.

Дело в том, что известны некоторые другие заболевания суставов с похожими признаками, однако при лечении врач использует принципиально другие методики.

Кроме того, если при лечении используются средства народной медицины, их обязательно нужно согласовывать с врачом, а принимать какие-либо препараты только после утверждения их специалистом, поскольку большинство рекламируемых лекарств не имеет достаточных научных доказательств их эффективности.

Отек суставов

Отек суставов — не самостоятельное заболевание, а симптом различных нарушений в организме. Так, например, отеки появляются в результате ушибов или неосторожных движений при выполнении физических упражнений или по другим причинам.

После травмы отек сустава развивается вследствие небольшого внутреннего кровотечения. Под влиянием крови происходит растяжение кожи и других окружающих сустав тканей,

Причиной отека суставов может быть также рецидив старой травмы при накоплении какого-то количества жидкости внутри сустава.

Артрит также часто является причиной отеков. Если отечность сопровождается болевыми ощущениями и продолжается более 5—6 недель, скорее всего это нарушение связано именно с артритом. Следует предупредить, что часты случаи, когда артрит протекает без отеков.

Если, помимо отеков, также наблюдается покраснение кожи и местное повышение температуры, значит, сустав воспален. Воспаление вызывают бактерии, вирусы или грибки, то есть микроорганизмы, которые могут проникать сквозь поврежденную кожу в сустав, вызывая воспалительный процесс.

К врачу следует обратиться в следующих случаях:

— если отек продолжается более 7 дней;

— при покраснении кожи вокруг сустава и повышении местной температуры;

— при повышении общей температуры или ознобе;

— если отек появился сразу же после пункции сустава.

Лечение

При лечении отеков помогают холодные примочки. Для этого подойдет ледяная грелка, которую прикладывают на 15—20 минут к больному суставу 3 раза в день. Больному суставу следует обеспечить покой.

При отеке сустава пальца ноги в качестве шины можно использовать соседний палец, для чего нужно просто обмотать эластичным бинтом оба пальца.

Следует помнить о том, что шину можно держать на пальце не более 1—2 дней, после чего следует получить консультацию у врача. Если шина останется на пальцах дольше, сустав станет малоподвижным.

Если отеки связаны с артритом, можно не посещать каждый раз врача, а просто предпринять некоторые меры для снижения болевых ощущений. Например, применять тепловые компрессы, так как тепло в этом случае более эффективно, чем холод.

Рекомендуется периодически выполнять физические упражнения, помогающие сохранить гибкость суставов. Следует помнить о том, что необходимо избегать лишних усилий и резких движений. Кроме того, предварительно следует проконсультироваться с лечащим врачом.

Во время выполнения гимнастических движений в суставах происходит удаление вредных веществ, образующихся при воспалении. Эти вещества попадают в лимфатическую систему и выводятся из организма.

Если отеки не спадают, врач назначает физические методы лечения, например ультразвуковые волны для успокаивающего воздействия на больной сустав. Эти волны проникают глубоко в пораженные ткани вокруг сустава, улучшают кровообращение и способствуют заживлению.

При наличии воспалительного процесса в суставах и связанных с ним отеков врач назначает курс лечения с помощью антибиотиков. Кроме того, в этом случае вместо ледяной грелки при инфекционном поражении сустава используют влажное теплое полотенце, так как холод вызывает сужение кровеносных сосудов и способствует сохранению инфекции, а тепло, наоборот, приводит к расширению кровеносных сосудов. В результате белые клетки крови получают возможность более свободный доступ к пораженной области.

Профилактика суставных заболеваний

Людям с больными суставами рекомендуется избегать повышенной нагрузки. При артрозе суставов ног, например, следует отказаться от бега по утрам, резких прыжков и полных приседаний. Отмечено, что на ухудшение состояния суставов и усиление боли влияют быстрая длительная ходьба, даже по ровной местности, подъем по лестнице, а также в гору. Нередко сильные боли появляются в результате поднятия и переноса тяжестей.

Больным артрозами и артритами вредно длительное нахождение в одном положении сидя или стоя, поскольку это ухудшает приток крови к больным суставам.

Рабочий ритм следует разработать таким образом, чтобы периоды нагрузки чередовались с периодами покоя. Во время отдыха следует максимально расслабить конечность. Например, каждые 15–20 нужно следует устраивать отдых на 10–15 минут. Если имеется возможность, лучше, конечно же, лечь и в этом положении выполнить несколько простых упражнений. Во время работы в офисе, когда такой возможности нет, можно просто посидеть и в этом положении выполнить несколько движений в суставах — сгибание, разгибание, «велосипед» — для восстановления кровообращения.

Вместе с тем, несмотря на наличие ряда ограничений, необходимо вести активный образ жизни за счет увеличения двигательной активности, не оказывающей отрицательного воздействия на хрящ. Нужно обязательно ежедневно выполнять специальные упражнения, некоторые из них приведены ниже. Эти упражнения тем более полезны, что в результате разрабатывается и сам суставный хрящ.

Регулярное выполнение этих упражнений постепенно станет привычным.

На упражнения следует отводить не менее 30—40 минут в день.

Лучше всего, конечно, выполнять упражнения 4 раза в день по 10 минут.

При регулярном выполнении упражнений отмечается уменьшение боли.

Снизить нагрузку на ноги можно с помощью трости: при болях в левой ноге трость следует носить в правой руке и наоборот.

Важно правильно подобрать высоту трости, только в этом случае можно надеяться на некоторое избавление от боли в суставе.

При сильных болях в обеих ногах рекомендуется ходить с двумя тростями одновременно.

При выборе трости нужно соблюдать следующие правила.

1. При покупке трости следует надеть обувь с тем каблуком, который обычно носят.

2. Положение рук свободное, вдоль туловища. Рукоятка трости при этом должна располагаться на уровне основания первого пальца руки.

Для уменьшения боли в коленных суставах рекомендуется носить брейсы (специальные наколенники-фиксаторы) или супинаторы (особые ортопедические стельки для обуви), поддерживающие правильное состояние суставов (рис. 1, 2).

Стельки подбирают индивидуально, в противном случае супинатор может только причинить вред. Особое внимание при болезнях сус-

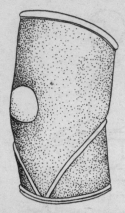

Рис. 1. Брейсы

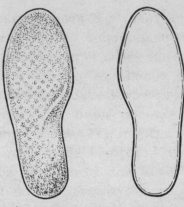

Рис. 2. Супинаторы

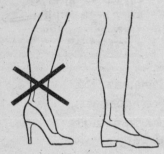

Рис. 3. Ношение обуви на высоком каблуке при болезнях суставов ног не рекомендуется

тавов ног обращают на обувь. Рекомендуется подбирать обувь на низком широком каблуке с мягкой эластичной подошвой (рис. 3).

Обувь при этом должна еще быть достаточно широкой, изготовленной из мягкого материала. В этом случае наиболее подходящей является спортивная обувь (рис. 4).

Иногда бывает очень неудобно вставать из положения сидя, поэтому следует правильно подобрать о стул. Стул должен быть с удобными подлокотниками и стоять на высоких ножках.

Вставая, нужно опираться ладонями на края подлокотников так, как это показано

Рис. 4. Спортивная обувь — наилучшее решение при болезнях суставов ног

на рисунке 5. В этом случае вес тела равномерно распределяется на запястья, а не на слабые суставы колен, которые часто страдают при суставных болезнях ног.

Следует помнить о том, что нельзя сидеть на коленях. Если требуется некоторое время находиться в этом положении, под колени следует подложить мягкую подушечку или валик (рис. 6).

По возможности не пользуются стульями или креслами с низкими сиденьями, так как с больными суставами ног очень тяжело подняться

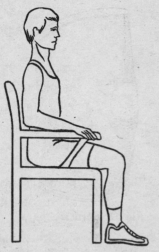

Рис. 5. Положение тела при вставании со стула

с них. Перед началом любых домашних работ следует заранее подготовить все предметы, которые для этого понадобятся (эта мера позволит избежать лишних передвижений, а следовательно, уменьшить нагрузку на больные суставы. Например, перед приготовлением пищи рекомендуется приготовить все продукты и кухонные принадлежности, перенести в кухню стул с удобным сиденьем и подлокотниками.

Вообще по возможности любую работу лучше всего выполнять сидя. При мытье полов следует использовать швабру.

Одним из основных факторов

Рис. 6. Правильное положение стоя на коленях

риска развития остеоартроза суставов ног является ожирение, так как лишний вес увеличивает и без того большую нагрузку на больные суставы, что осложняет прогноз и отрицательно сказывается на лечении заболевания. Поэтому перед врачом и больным стоит проблема нормализации веса. Замечено, что снижение веса тела всего на 4—5 кг приводит к уменьшению риска развития этого заболевания и его дальнейшего прогрессирования. Известно, что снижение веса у тучных женщин приводит к уменьшению боли в коленных суставах и увеличению физической активности.

Нужно помнить о том, что все изменения в рационе и диету следует сочетать с физическими упражнениями. Кроме того, снижение веса тела должно быть постепенным.

Необходимо соблюдать следующие правила.

1. Избегать так называемых невидимых жиров, которые зачастую скрываются в кондитерских изделиях, выпечке, шоколаде, колбасных изделиях и в самых различных закусках.

2. Покупать только нежирное мясо. Перед началом приготовления мяса следует срезать с него весь жир.

3. Мясо предпочтительнее готовить на решетке в духовке, в этом случае значительная часть жира стечет на противень.

4. Мясо рекомендуется жарить в небольшом количестве масла.

5. Вместо мяса в рацион следует периодически включать блюда из рыбы и птицы.

6. Молоко и молочные продукты должны быть обезжиренными — жира в них немного, а кальция достаточно.

7. Вместо пшеничного хлеба следует употреблять ржаной, а также злаковые и крупы, в которых много клетчатки.

8. В рацион следует включать больше овощей, фруктов, ягод.

9. Сократить употребление сахара, выработать привычку пить несладкие чай, кофе и другие напитки.

Холодные или теплые примочки на больной сустав помогут снизить болевые ощущения в нем. Следует попробовать оба способа, так как порой трудно предположить, какой из них окажется более эффективным.

Холодную примочку на сустав прикладывают к пораженному суставу на 10—15 минут в течение каждого часа. Теплые компрессы особенно полезно делать перед гимнастикой или другой физической нагрузкой.

Упражнения для больных остеоартрозом

При остеоартрозе физические упражнения рекомендуется выполнять в положении лежа или сидя.

К выполнению упражнений нужно приступать только после приема обезболивающих препаратов. Если в данный момент болевые ощущения особенно сильны, от упражнений лучше отказаться, так как желаемого результата они не принесут.

Движения должны быть плавными, не энергичными. Возрастных ограничений для физических упражнений нет. Следует помнить, что физические упражнения способствуют укреплению сердечно-сосудистой системы и костных тканей.

Занятия лучше всего начинать под руководством специалиста по реабилитации или врача ЛФК. После окончания занятий в группе выполнение упражнений рекомендуется продолжать и дома, используя полученные навыки. Следует придерживаться главного принципа: упражнения делать 6—7 раз в день по 3—6 минут.

Если упражнения выполняются правильно, они не должны вызвать болевых ощущений в суставе. В том случае, если боль ощущается даже через 20 минут после окончания гимнастики, число движений следует уменьшить до 5 за 1 раз, затем постепенно увеличивать до 15, прислушиваясь к собственным ощущениям.

Упражнения для коленного сустава (комплекс № 1)

Каждое упражнение выполнять не менее 5 раз.

Сидя на столе

1. Сидя прямо на столе. Ладони сжаты в кулаки, упереться ими в стол, поболтать ногами (рис. 7). Данное упражнение выполнять как можно чаще.

2. Исходное положение то же, что и в упражнении 1. Поднять ногу и подержать ее 3 секунды так, чтобы она располагалась параллельно полу. Стопа при этом должна находиться под углом 90° к голени. Поменять ногу. Дан-

ное упражнение выполняется правильно, если ощущается напряжение в мышцах бедра и голени.

3. Стоя, опершись ягодицами о стол. Колени чуть согнуты и разведены, носки в стороны. Не сгибая спины, делать наклон вперед, после чего вернуться в исходное положение (рис. 8).

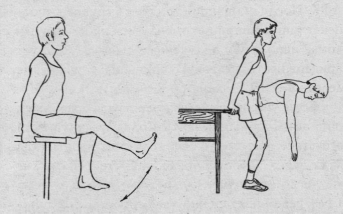

Рис. 7. Упражнение 1   Рис. 8. Упражнение 3

Лежа на спине

4. Лежа на спине, левое колено согнуть, а стопу левой ноги слегка приподнять над полом. Оставаться в таком положении 5 секунд. Затем левую ногу вытянуть, согнуть правую и повто-

Рис. 9. Упражнение 1

рить упражнение (рис. 9). Данное упражнение рекомендуется повторить не менее 5 раз.

5. «Велосипед» № 1. Согнуть обе ноги в коленях, стопы поставить на пол. Правую ногу согнуть, прикоснуться коленом к животу, затем ногу выпрямить и плавно опустить на пол. То же самое повторить и другой ногой (рис. 10).

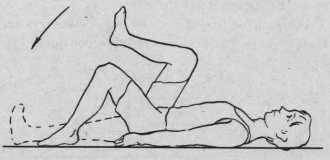

Рис. 10. Упражнение 5

6. «Велосипед» № 2. Лежа на спине, ноги согнуты в коленях, руки вытянуты вдоль туловища. Выполнять вращения, имитируя езду на велосипеде (рис. 11). Сначала движения выполняют очень медленно, затем постепенно темп наращивают, после чего снова сбавляют.

Рис. 11. Упражнение 6

7. Лежа на спине, правую ногу согнуть в колене, обхватить бедро рукой и подтянуть к животу. Вытянуть колено таким образом, чтобы стопа находилась под углом 90°. Движение выполнено правильно, если ощущается напряжение в мышцах. В таком положении следует находиться в течение 6—8 секунд. Левую ногу при этом стараются не сгибать.

Опустить правую ногу на пол и вытянуть ее. Повторить упражнение с левой ногой (рис. 12).

Рис. 12. Упражнение 7

Лежа на боку

8. Лежа на правом боку, подложить под правую щеку небольшой валик, под него просунуть правую руку, левой рукой упереться в пол перед собой. Правая нога полусогнута. Левую ногу согнуть в колене, подтянуть его к животу, затем отвести назад (рис. 13). Данное упражнение рекомендуется выполнять плавно, без рывков.

9. Исходное положение, как в упражнении 8, левая нога согнута, упирается коленом в пол. Правую ногу вытянуть и приподнять над полом на 25—30 см.

Рис. 13. Упражнение 8

10. Лежа на левом боку, подложить под левую щеку небольшой валик, под него просунуть левую руку, правой рукой упереться в пол перед собой. Левая нога полусогнута. Правую ногу согнуть в колене, подтянуть его к животу, затем отвести назад. Упражнение выполнять плавно, без рывков.

11. Исходное положение, как в упражнении 10, правая нога согнута, упирается коленом в пол. Левую ногу вытянуть и приподнять над полом на 25—30 см.

Лежа на животе

12. Лежа на животе, сгибать то левую, то правую ногу в коленях. Следить за тем, чтобы таз не отрывался от пола (рис. 14).

Рис. 14. Упражнение 12

13. Исходное положение то же, правая нога вытянута, левая согнута в колене. В таком положении следует находиться не менее 7—10 секунд. После этого ноги нужно поменять.

Упражнения для коленного сустава (комплекс № 2)

К выполнению данного комплекса упражнений следует прибегать только после, того как предыдущие уже освоены. Следует помнить, что каждое упражнение рекомендуется выполнять не менее 5 раз. Движения при этом должны быть плавными, медленными. Нужно стараться избегать резких движений, так как это может привести к болевым ощущениям в суставах.

Лежа на спине

1. Принять исходное положение, ноги вытянуть, постараться максимально их расслабить. Согнуть правую ногу в колене, стараясь не отрывать от пола стопу, затем подтянуть ее руками к туловищу. Спину при этом от пола не отрывать. В таком положении ногу удерживать в течение 2—3 секунд, после чего опустить стопу на пол и выпрямить ногу. То же самое движение повторить другой ногой (рис. 15). Упражнение выполнить 10—15 раз.

Рис. 15. Упражнение 1

2. Исходное положение то же самое, ноги согнуты. Правое колено с помощью рук подтянуть к груди и удержива-ть в таком положении 6—10 секунд, затем ногу опустить и выпрямить. Повторить то же самое движение другой ногой.

Упражнение выполнить не менее 5 раз, постепенно довести количество движений до 10 раз.

3. Исходное положение то же, ноги выпрямлены. Левую ногу приподнять над полом на высоту 20—30 см и удерживать в таком положении 5—6 секунд, затем медленно опустить. То же движение выполнить правой ногой (рис. 16).

Данное упражнение повторить 10 раз, постепенно доведя количество движений до 20 раз.

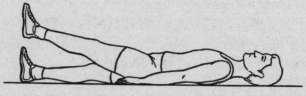

Рис. 16. Упражнение 3

4. Лежа на спине, ноги выпрямлены. Руки вытянуть вперед, приподнять голову и верхнюю часть туловища на высоту 15—20 см от пола, затем опустить (рис. 17). Данное упражнение выполнить 10 раз.

Рис. 17. Упражнение 4

5. Лежа на спине, руки вытянуты вдоль туловища. Ноги приподнять и согнуть в коленях. Выполнить вращательные движения, имитируя езду на велосипеде.

Данное упражнение выполнять в течение 3—4 минут.

Лежа на животе

6. Лежа на животе, поочередно сгибать ноги в коленных суставах, стараясь прикоснуться пяткой к ягодице и не отрывая бедер от пола. Данное упражнение выполнить не менее 20 раз.

Положение сидя

7. Ноги выпрямлены. Обхватить руками стопы и наклониться вперед, насколько возможно, стараясь дотронуться лбом до ног, не сгибая колен. Задержаться в этом положении несколько секунд, после чего вернуться в исходное положение (рис. 18). Данное упражнение рекомендуется повторить от 3 до 5 раз.

8. Согнуть левую ногу в коленном суставе, обхватив стопу этой ноги обеими руками, приподнять ее от пола, и стараться выпрямить, не разжимая рук. В таком положении оставаться 5—10 секунд, после чего вернуться в исходное положение. Повторить правой ногой (рис. 19).

Рис. 18. Упражнение 7

Рис. 19. Упражнение 8

Упражнения для тазобедренного сустава

К выполнению данного комплекса, как и предыдущих упражнений, следует подходить очень осторожно. Любое резкое движение может усугубить положение.

При поражении тазобедренного сустава упражнения выполняются в положении больного лежа на спине и на животе. Каждое упражнение рекомендуется делать не менее 5 раз.

1. Лежа на спине, согнуть обе ноги в коленных суставах, не отрывая стоп от пола. Затем развести колени в стороны и снова свести (рис. 20). Постепенно темп увеличивать. Это упражнение выполнить не менее 10 раз.

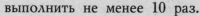
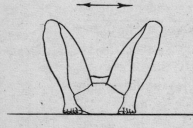

2. Лежа на спине, ноги выпрямлены. Одной ногой, приподнятой от пола, делать движения из стороны в сторону с максимально возможной амплитудой, стараясь при этом не сгибать ногу в колене. То же самое делать

Рис. 20. Упражнение 1

и другой ногой (рис. 21). Постепенно можно совершать движения обеими ногами. Данное упражнение выполнять 10 раз.

3. Положение лежа на спине, ноги выпрямлены. Приподнять ногу над полом, насколько это возможно, подержать так некоторое время (примерно 5—8 секунд), затем опустить. Повторить 10 раз одной ногой, затем другой.

4. Стоя, одна нога находится на ступеньке, другой делать махи вперед-назад, постепенно

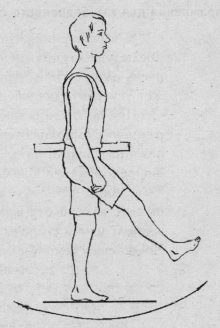

Рис. 21. Упражнение 2   *Рис. 22. Упражнение 4*

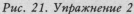

увеличивая амплитуду (рис. 22). Данное упражнение выполнить 10 раз.

Программа оздоровительных мероприятий при лечении суставных болезней

Для профилактики, а также при лечении заболеваний суставов ног следует регулярно проводить различные оздоровительные мероприятия, способствующие снижению болевых ощущений, улучшению движений в суставах ног и общего самочувствия. Для поддержания мышечного тонуса рекомендуется ежедневно гулять по ровной местности в умеренном темпе в течение не менее 1—2 часов. Торопиться при этом не следует, поскольку при быстрой ходьбе нагрузка на суставы превышает нагрузку веса тела в 1,5—2 раза. Также не следует носить тяжести, разрешается поднимать не более 3 кг.

Известно, что при многих заболеваниях ног полезны занятия плаванием.

Даже при неумении плавать с помощью плавательного круга или небольшого надувного матраца можно совершать движения, что принесет ощутимую пользу больным суставам, так как в воде возможен максимальный объем движений без нагрузки весом.

Многим больным врачи рекомендуют занятия в специальных группах аквагимнастики.

Также рекомендуется езда на велосипеде по ровной местности, так как это полезно для суставов. Кроме того, это занятие приносит положительные эмоции. Главное — избегать езды по неровной местности, так как резкие движения опасны прежде всего тем, что в случае неосторожных движений возможны падения с велосипеда и травмы.

Очень важно правильно подобрать велосипед. Оптимальный вариант — велосипед спортивного или полуспортивного типа, а также что-то среднее между ними. У спортивного велосипеда нужно поднять ручки руля кверху. Также следует правильно установить высоту седла, так чтобы при полном нажатии на педаль в нижнем положении нога полностью выпрямлялась. Если нога остается согнутой в коленном суставе, могут появиться боли в суставах и мышцах.

При езде на велосипеде, как и во время занятий другими видами спорта, важно соблюдать принцип постепенности. В первый день достаточно не более 20 минут езды, во второй — 25–30 минут. Если через несколько дней после ежедневной езды на велосипеде усилились болевые ощущения в коленных суставах, на некоторое время от нее следует отказаться и посоветоваться с врачом.

Тем, кто не умеет ездить на велосипеде, кому трудно сохранять равновесие, или людям с плохим зрением подойдут занятия на велотренажере.

Зимой рекомендуется время от времени ходить на лыжах, так как за счет скольжения уменьшается нагрузка на суставы.

Методы реабилитации при суставных заболеваниях

При лечении суставных заболеваний применяются следующие вспомогательные методы:
— массаж;
— лечебная физкультура;
— физиопроцедуры.

Некоторые больные выбирают метод санаторно-курортного лечения, в этом случае удается совместить все приемы реабилитации, а также использовать положительное воздействие лечебных грязей, сауны, ванн. При отсутствии обострения артроза ног назначается массаж. Он улучшает общее самочувствие, снимает болезненный спазм мышц, улучшает кровообращение, что очень важно для суставного хряща. Следует помнить о том, что массаж должен делать только достаточно опытный мастер.

Санаторно-курортное лечение назначают только вне обострения болезни. Следует помнить, что данный курс является лишь одним из методов лечения и реабилитации.

Область над суставом обрабатывается с минимальной интенсивностью. При отсутствии противопоказаний массаж повторяют 2 раза в год. Также при лечении суставных заболеваний ног помогают смена обстановки, йога, прогулки на свежем воздухе.

Применение лекарственных препаратов при лечении суставных заболеваний

Лечение остеоартрита ног с использованием медикаментозных средств направлено на уменьшение боли и увеличение подвижности больного сустава. Для снижения болевых ощущений и воспалительных изменений в суставе врач назначает нестероидные противовоспалительные средства. В настоящее время на фармацевтическом рынке представлено несколько десятков препаратов этой группы, из которых наиболее популярными являются следующие:

— диклофенак;
— ортофек;
— вольтарен;
— кетонал;

— кеторол;

— ксефокам.

Таблетированный парацетамол показан в случае, если боль не очень сильная. Местно назначают кремы или гели с обезболивающим и противовоспалительным действием. Их наносят на чистую кожу над суставом 2—3 раза в день.

Следует помнить о возможных побочных эффектах, вызываемых лекарствами, принимаемыми перорально. Например, длительный прием парацетамола приводит к повышению артериального давления, а также к нарушению работы печени. Для пациентов старшего возраста рекомендуемая суточная доза парацетамола не должна превышать 3,2 г в сутки. Нестероидные препараты оказывают отрицательное влияние на желудочно-кишечный тракт, однако это опасное воздействие протекает незаметно за счет обезболивающего эффекта и в дальнейшем проявляется тяжелыми осложнениями.

Новые селективные ингибиторы циклооксигеназы-2 — такие, как мовализ, найз, целебрекс, — вызывают минимальный побочный эффект, а также оказывают более устойчивое действие по сравнению с нестероидными противовоспалительными препаратами.

Использование хондропротекторов при лечении болезней суставов ног

В последнее время для лечения пациентов с суставными заболеваниями используют так называемые хондропротекторы — препараты, помогающие регенерации (восстановлению) суставного хряща, из которых наиболее популярными являются глюкозаминогликаны и хондроитинсульфат. Данные препараты принимают перорально, а также в виде инъекционных растворов.

Нестероидные противовоспалительные препараты и хондропротекторы имеют различные механизмы воздействия. Первые начинают действовать уже через 40—50 минут после их приема, однако длительность их эффекта ограничена всего лишь 5—8 часами. Для того чтобы избавиться от боли, пациент вынужден принимать лекарства снова и снова, к некоторым у него постепенно начинает вырабатываться привыкание. Врач назначает другой препарат, и так продолжается практически постоянно.

Клинический эффект от приема хондропротекторов наступает только через 2—4 недели и продолжается в течение длительного времени.

В человеческом организме глюкозаминогликаны и хондроитинсульфат присутствуют в качестве обязательных компонентов и синтезируются клетками соединительной ткани.

В результате многочисленных лабораторных исследований было обнаружено, что глюкозаминогликаны способствуют восстановлению синовиальной жидкости, а также увеличению секреции гиалуроновой кислоты. Как считают многие специалисты, нормальная концентрация гиалуроновой кислоты в синовиальной жидкости и тканях коленного сустава способствует укреплению суставного хряща и уменьшению боли у пациентов с остеоартритом. Хондропротекторы также способствуют уменьшению воспалительной реакции, что приводит к ослаблению боли, отека и скованности сустава. Не менее важным представляется тот факт, что в отличие от нестероидных противовоспалительных средств хондропротекторы не обладают серьезными побочными эффектами.

Применение данных лекарственных препаратов у некоторых пациентов помогает более эффективно контролировать течение остеоартрита.

Следует помнить о том, что не всегда хондропротекторы излечивают от суставных заболеваний; иногда они выступают в качестве вспомогательного средства, значительно облегчая больному его состояние. Кроме того, эти препараты доступны далеко не всем, да и курс лечения ими достаточно длительный.

Именно поэтому решение об использовании хондропротекторов принимается только врачом.

Побочные эффекты хондропротекторов

В основном после приема хондропротекторов не отмечается побочных эффектов. Однако у некоторых пациентов наблюдалось нарушение работы кишечника, проявляющееся в виде тошноты, рвоты, боли, диареи. Очень редко бывают аллергические реакции, мигрени, нарушение работы сердечно-сосудистой системы.

Осторожно назначают хондропротекторы пациентам с сахарным диабетом, им следует более тщательно контролировать уровень глюкозы в крови, поскольку глюкозаминогликаны влияют на выработку инсулина.

Следует помнить о том, что лечение суставных заболеваний только фармакологическими препаратами приносит незначительный эффект, также требуется использовать все имеющиеся в арсенале специалистов средства:

— лечебную физкультуру;

— снижение веса тела;

— использование супинаторов при остеоартрите коленного или тазобедренного сустава;

— регулярное прохождение курсов массажа;

— использование трости при ходьбе для уменьшения нагрузок на пораженные суставы нижних конечностей.

Необходимо избегать повышенных физических нагрузок, например длительной ходьбы, бега, тяжелой физической работы.

Хруст суставов

Хруст суставов встречается даже у молодых людей и обычно, если не связан с травмой, не является основанием для беспокойства. Наиболее частой причиной оказывается трение сухожилий и связок друг о друга.

При нарушениях развития суставов и связочного аппарата механизм хруста иной. Когда связки и сухожилия длиннее и эластичнее, чем в норме, движения в суставах происходят быстрее, а значит, чаще слышны характерные звуки, и это считается нормальным явлением. У большинства людей подобные аномалии развития исчезают после 20 лет или позже.

Другой причиной потрескивания в суставах является выделение пузырьков азота, освобождающегося из тканей в процессе движений.

Лечение

При хрусте суставов, который беспокоит пациента, врач скорее всего назначит рентгеновское исследование, чтобы выяснить, не было ли перелома костей. Также он может порекомендовать комплекс профилактических упражнений для обеспечения подвижности и гибкости суставов.

Массаж при суставных заболеваниях ног

Массаж — один из древнейших способов лечения и предупреждения различных болезней. Его приемы воздействуют на организм и используются в профилактических целях для общего укрепления организма и в лечебных в хирургии, ортопедии, гинекологии, неврологии и других областях медицины.

Известны несколько версий происхождения слова «массаж»: в переводе с греческого означает «сжимать руками», с латинского — «прилипающий к рукам», с арабского — «касаться».

Массаж известен человечеству уже много веков. Так, есть доказательства того, что этот вид лечебного искусства еще в глубокой древности применяли народы, населяющие тихоокеанские острова. Первоначально использовались самые простые приемы массажа: поглаживание, разминание, поколачивание.

Первыми приемы массажа в лечебных целях стали использовать индийцы и китайцы. В Древнем Китае, например, массаж применялся уже в 3-м тысячелетии до н. э. Особенно эффективным было применение массажа при лечении ревматизма и вывихов суставов. Китайцы умело растирали руками все тело, слегка сдавливая мышцы.

Описание основных приемов массажа также встречается в трудах Гиппократа. Он писал о том, что «сочленение может быть сжимаемо и расслаблено массажем. Трение вызывает стягивание или расслабление тканей, ведет к исхуданию или полноте, сухое и частое трение стягивает, а мягкое, нежное и умеренное утолщает ткани».

Восточная медицина достигла расцвета в X—XI вв., когда было разработано много оригинальных методов лечения и предупреждения различных заболеваний. Особого внимания в этом отношении заслуживает метод Абу Али ибн Сины, описанный в Каноне врачебной науки» и «Книге исцеления». В этих трудах одно из ведущих мест занимает методика проведения приемов массажа.

Чуть позже массаж стал известен и европейским целителям. В 70-х гг. XIX в. в странах

Европы и в России появились первые клинические и экспериментальные работы по массажу, которые закладывали основные принципы научного обоснования влияния массажа на организм человека, описывали систему приемов массажа, давали рекомендации по его проведению.

Гигиена массажа

При выполнении массажа важно обращать внимание на следующее:

— обстановка при проведении процедуры;

— правильное положение массажиста по отношению к пациенту;

— стадия заболевания;

— длительность курса массажа.

Для проведения массажа необходимо хорошо освещенное помещение, оборудованное вентилляцией и отопительной системой. Если не соблюдается хотя бы одно из этих условий, эффективность массажа снижается.

При массаже специалисты обычно используют согревающую мазь для суставов. Следует знать, как и когда можно применить ту

Для проведения массажа предпочтительнее выбирать гели, не требущие сильного втирания, а также обладающие охлаждающим действием.

или иную мазь. Так, при недавней острой травме не рекомендуется применять разогревающие мази, лучше подобрать средство с обезболивающим и противовоспалительным действием. Обычно в состав таких мазей входят гепарин, растительные экстракты, антиревматические средства. В период восстановления после вывихов на-значают мази и кремы, не обладающие раздражающим действием и улучшающие микроциркуляцию в тканях.

При использовании согревающих мазей, если их назначил специалист, нужно соблюдать определенные правила. Сначала следует проверить наличие аллергической реакции на этот препарат, для чего небольшое количество мази наносят на кожу. Если в течение 2 часов раздражение не появилось, то наносят большее количество мази.

Первый сеанс массажа с согревающей мазью лучше всего проводить вечером перед сном. На следующий день массаж с втиранием мази выполняют 3 раза: утром, днем, вечером, на 3-й день — только утром и вечером. После сеанса массажа больное место следует обернуть шерстяной тканью, после чего на 1 час лечь в постель.

Для растираний можно использовать народные средства. Например, при воспалении суставов, подагре и ревматизме используют настой березовых почек на спирту в пропорции 1 : 5. После 3—5 минут разогревающего массажа эту настойку втирают в больную область.

Нужно помнить о том, что некоторые мази — такие, как финалгон или дольпик, — при втирании образуют на коже пленку, которую необходимо смывать перед каждым последующим втиранием. При пользовании такими мазями нужно проявлять осторожность и следить за тем, чтобы они не попали на слизистые оболочки. После процедуры следует тщательно вымыть руки теплой водой с мылом.

Методика массажа с применением согревающих средств такова: сначала проводят глубокий разогревающий массаж, затем наносят мазь и втирают ее с помощью одного из нижеперечисленных приемов. Массаж без применения мази продолжается не менее 5 минут, а с мазью — 2—4 минуты.

Приемы массажа

Массажные движения должны быть направлены к ближайшим лимфатическим узлам:

— от кисти руки к локтевому суставу;

— от локтевого сустава к подмышечной впадине;

— от стопы к коленному суставу;

— от коленного сустава к паховой области;

— от крестца вверх к шее;

— от волосяного покрова головы к подключичным узлам;

— от грудины в стороны, к подмышечным впадинам.

Прямые мышцы живота массируют сверху вниз, косые — снизу вверх. Сначала массируют большие участки тела, затем — более мелкие. Это способствует улучшению крово- и лимфообращения, оттоку крови и лимфы с участков, находящихся ниже. Массаж выполняется ниже больного участка.

При массаже необходимо соблюдать определенные ритм и темп. Очень важно, чтобы мышцы массируемого были максимально расслаблены. В зависимости от тонуса той или иной мышцы приложенные усилия и продолжительность массирования должны меняться.

К основным приемам массажа относятся следующие:
— поглаживание;
— разминание;
— растирание;
— вибрация.

При этом вибрация подразумевает такие приемы, как поколачивание, сотрясение, рубление, потряхивание, встряхивание и похлопывание.

Каждый из основных приемов имеет вспомогательные. Они сохраняют сущность основного и позволяют достичь наибольшего эффекта, учитывая анатомические особенности массируемой части тела.

При применении различных приемов необходимо учитывать клиническую картину того или иного заболевания, а также общее состояние массируемого. Прежде чем перейти непосредственно к массажу, необходимо знать технику выполнения приемов массажа и четкое представлять направление движений рук при выполнении приемов (рис. 23).

При проведении определенных приемов массажа может быть использована не только ладонная, но

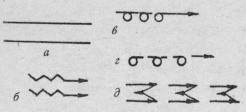

Рис. 23. Направление движения руки при выполнении приемов массажа:
а — прямолинейное; б — зигзагообразное;
в — спиралевидное; г — кругообразное;
д — штрихование

и тыльная сторона кисти. При этом массаж делают то согнутыми под прямым углом пальцами, то всей тыльной поверхностью, то гребнями (выступами пальцев, согнутых в кулак).

Поглаживание

Поглаживание — прием, при котором массирующая рука только скользит по коже, не сдвигая ее в складки. Этот прием производится с различной степенью надавливания.

Поглаживание обычно выполняется в самом начале массажа спокойно, легко, без напряжения. Это первый контакт между массажистом и пациентом. Поглаживание также может быть использовано в середине сеанса (после жестких приемов) и в конце как успокаивающее воздействие.

Основными приемами поглаживания являются плоскостное и обхватывающее поглаживание, которое производится всей кистью, положенной на массируемую область (рис. 24, 25).

Техника выполнения: при плоскостном поглаживании кисть руки должна быть расслаб-

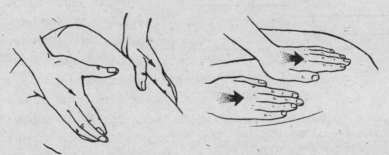

Рис. 24. Обхватывающее   Рис. 25. Плоскостное
        поглаживание   поглаживание

ленной, свободной, выпрямленной, пальцы должны быть сомкнуты и находиться в одной плоскости. Движения могут выполняться в различных направлениях: продольно, поперечно, кругообразно, спиралевидно, при этом массаж можно делать как одной, так и двумя руками.

При обхватывающем поглаживании кисть и пальцы принимают форму желоба, они свободно расслаблены, а большой палец максимально отведен и противопоставлен остальным сомкнутым пальцам. Кисть плотно прилегает ладонной поверхностью к массируемому участку, обхватывая его. При этом кисть можно продвигать как непрерывно, так и прерывисто. Это зависит от цели,массажа. Прием выполняется в направлении ближайшего лимфатического узла.

Плоскостное поглаживание используется на больших плоских областях тела: на спине, животе, груди и др.

Обхватывающее поглаживание применяется при массаже конечностей, боковых поверхностей туловища, ягодичной области, шеи и других участков тела, имеющих округлую форму.

Плоскостное и обхватывающее поглаживание может быть поверхностным и глубоким. При поверхностном массаже рука массажиста нежно и без усилий выполняет поглаживание.

При глубоком массаже массирующая рука оказывает на ткани давление, при этом эффективность повышается, если надавливание в основном производится опорной частью кисти — запястьем.

Поверхностное поглаживание в результате торможения, вызванного в корковом конце кожного анализатора, оказывает успокаивающее воздействие на нервную систему, снижает эмоциональную возбудимость и способствует мышечному расслаблению. Действуя успокаивающе, оно активизирует работу сосудов кожи, стимулирует обменные процессы в коже и подкожной жировой клетчатке, повышает упругость и эластичность кожи.

Глубокое поглаживание активно влияет на кровообращение в массируемом участке, стимулирует лимфо- и веноток, увеличивает скорость устранения продуктов обмена, застоев и отеков. Этот вид по-глаживания, оказывая деплеторное (опорожняющее) действие на сосуды и ткани, способствует разгрузке лимфатической и кровеносной сети. В зависимости от анатомического строения массируемого участка этот прием можно выполнять не только всей ладонью, но и тыльной или боковыми поверхностями одного, двух или нескольких пальцев, опорной поверхностью кисти, ее локтевым краем и др.

Поглаживание обычно выполняется двумя руками, при этом руки движутся или параллельно, или последовательно: одна рука следует за другой.

Поглаживание может производиться отягощенной кистью (одну кисть накладывают на другую, тем самым увеличивая давление на ткани). Этот прием обеспечивает глубокое воздействие, так массируют большие мышечные пласты и участки с избыточным слоем подкожной жировой клетчатки. Поглаживание может быть непрерывистым и прерывистым.

Непрерывистое поглаживание на массируемом участке действует на большую поверхность кожи, при этом ощущение силы давления не имеет резких контрастов, наступает медленно, что вызывает быстрое понижение возбудимости тактильных рецепторов — адаптацию.

Все это способствует появлению тормозной реакции со стороны центральной нервной системы.

Разновидностью непрерывистого поглаживания является попеременное поглаживание, которое заключается в том, что как только одна рука завершает поглаживание, вторая рука переносится над ней и выполняет те же движения, но в обратном направлении.

Прерывистое поглаживание представляет собой скачкообразные ритмичные движения, которые оказывают раздражающее влияние на чувствительность кожи, следовательно, возбуждающе действуют на центральную нервную систему. Энергичное прерывистое поглаживание в месте воздействия активизирует кровообращение в тканях, повышает тонус сосудов, согревает мышцы, активизируя их сократительную работу.

Основные приемы поглаживания различаются также и в зависимости от направления движения. Выделяют прямолинейное, спиралевидное, зигзагообразное, комбинированное, концентрическое, кругообразное поглаживание, а также финский вариант (продольное поглаживание одной или двумя руками).

Прямолинейное поглаживание

Техника массажа: при выполнении этого вида поглаживания массируемый лежит, массажист стоит около него.

Сами движения проводятся ладонной поверхностью расслабленной кисти. Все пальцы должны быть соединены, большой палец отведен от остальных.

При массаже кисть или кисти рук плотно обхватывают участок тела, при этом скользя вперед указательным и большим пальцами.

Спиралевидное поглаживание

Техника массажа: при проведении этого приема рука массажиста движется без напряжения, спокойно, в спиралевидном направлении. Этот вид поглаживания оказывает тонизирующее действие.

Зигзагообразное поглаживание

Техника массажа: при выполнении данного приема, так же как и при спиралевидном поглаживании, все движения производятся плавно, легко, в направлении вперед.

Зигзагообразное поглаживание оказывает успокаивающее действие.

Комбинированное
поглаживание

Техника массажа: этот вид поглаживания объединяет в себе прямолинейное, спиралевидное и зигзагообразное поглаживание. Руки массажиста скользят по коже в разных направлениях без перерыва.

Когда одна рука в конце движения касается верхней границы участка, подвергаемого воздействию, она переносится над другой рукой в исходное положение для того, чтобы начать новое движение.

Во время сеанса массажа массируемый должен постоянно чувствовать прикосновение рук массажиста.

Кругообразное
поглаживание

Техника массажа: применяется при массаже мелких суставов, при этом основанием ладони на суставе выполняются круговые движения в сторону мизинца, то есть движения правой кисти направлены по часовой стрелке, а левой — против часовой.

Щипцеобразное
поглаживание

Техника выполнения: такой прием поглаживания производится щипцеобразно сложенными пальцами. Захватив брюшко мышцы, сухожилие, складку кожи большим, указательным и средним или только большим и указательным пальцами, производят поглаживающее движение в прямолинейном на-правлении (рис. 26).

Данный прием используется при массаже боковых поверхностей пальцев, краев стоп.

Рис. 26. Щипцеобразное поглаживание

Гребнеобразное поглаживание

Техника выполнения: выполняется костными выступами основных фаланг, полусогнутых в кулак пальцев одной или двух кистей.

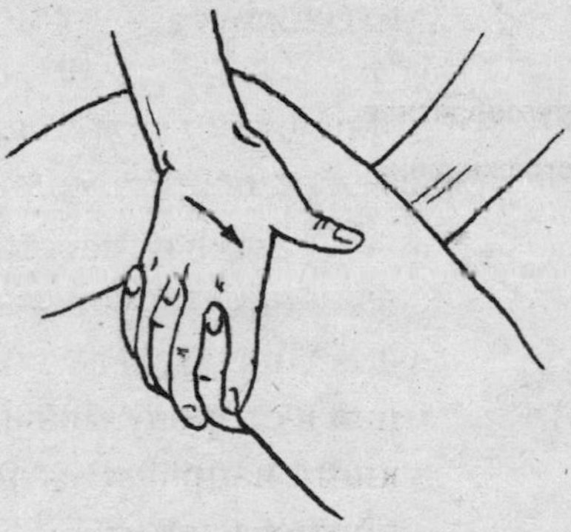

Пальцы кисти свободно, без напряжения, согнуты, расслаблены и слегка разведены.

Поглаживание выполняется тыльной стороной согнутых пальцев. При этом движение в пястно-фаланговых суставах свободно, не фиксировано (рис. 27).

Рис. 27. Гребнеобразное поглаживание

Этот прием показан для глубокого поглаживания крупных мышц области таза. Гребнеобразное поглаживание применимо и на подошвенных поверхностях, где мышцы закрыты плотными сухожилиями, а подкожная клетчатка в результате постоянного давления приобрела вид эластичной подстилки.

Граблеобразное
поглаживание

Техника массажа: поглаживание выполняют граблеобразно расставленными пальцами одной или двух кистей. Широко разведенные пальцы (большой палец противопоставлен остальным) касаются массируемой поверхности под углом 30—45° (рис. 28).

Поглаживание выполняется в продольном, поперечном, зигзагообразном и кругообразном направлениях. Массаж двумя руками выполняют или одновременно (руки движутся параллельно), или последовательно

Рис. 28. Граблеобразное
поглаживание

(одна рука движется за другой). Граблеобразное поглаживание можно делать с отягощением, в этом случае на пальцы массирующей руки накладываются пальцы другой руки (указательный на мизинец, средний на безымянный и т. д.).

Граблеобразное поглаживание используется при варикозном расширении вен, поражении отдельных участков кожи, когда необходимо обойти очаги поражения.

Крестообразное
поглаживание

Техника массажа: кисти рук сцепляют пальцами крест-накрест в замок и таким образом обхватывают массируемый участок. Поглаживание выполняется ладонными поверхностями одновременно двумя руками (рис. 29). Такой прием чаще всего применяется при массаже конечностей в основном в спортивной практике, при его выполнении спортсмен кладет руку или ногу на плечо массажиста. В лечебной практике больной также помещает конечность на плечо массирующего ли-

Рис. 29. Крестообразное поглаживание

бо она находится на краю стола или подкладных валиках. В случае постельного режима, в период реабилитации после перенесенных тяжелых болезней и в послеоперационный период рекомендуется проводить крестообразное поглаживание на задних поверхностях ног, спины, области таза, на ягодичных мышцах для профилактики пролежней.

Глажение

Техника массажа: выполняется одной или двумя руками, тыльными поверхностями пальцев, согнутых под прямым углом в пястно-фаланговых суставах. Глажение можно производить с отягощением, положив на сжатые в кулак массирующие пальцы кисть другой руки.

Растирание

Растирание — это прием, который очень широко используется практически во всех видах массажа. Сущность его заключается в том, что рука массажиста не скользит по коже, а смещает ее, тем самым происходит сдвигание и растяжение кожи в различных направлениях.

Растирание чаще всего проводится при массаже суставов и сухожилий, на участках с плохим кровоснабжением, в местах, где имеются за-стойные явления: на пятке, подошве, бедре с внешней стороны.

Наиболее часто встречающиеся приемы растирания, проводимые в прямолинейном, круговом и спиралевидном направлениях:

— пальцами;

— локтевым краем ладони;

— опорной частью кисти.

Растирание пальцами выполняется ладонной поверхностью ногтевых фаланг (подушечками пальцев) или тыльной поверхностью пальцев (фалангами пальцев). При этом, если растирание проводится большим пальцем, кисть руки упирается остальными пальцами в массируемую область. В том случае, если растирание выполняется всеми пальцами, кроме большого, кисть фиксируется на массируемом участке своей опорной частью или большим пальцем.

Растирание можно выполнять и подушечкой среднего пальца одной руки, производя им прямолинейное, и кругообразное движения и штрихование. Этот вид растирания применяется на межреберных и межпястных промежутках.

Растирание пальцами можно проводить в различных направлениях: продольном, поперечном, зигзагообразном, кругообразном и спиралевидном.

Растирание пальцами производится либо одной, либо двумя руками. Если данный прием выполняется двумя руками, то одна кисть либо следует параллельно другой, либо отягощает массирующие пальцы.

При растирании локтевым краем ладони и опорной частью кисти подлежащие ткани также должны смещаться в разных направлениях, образуя впереди себя кожную складку в виде валика. В противном случае этот прием не будет эффективным и сведется к поглаживанию.

Выбор того или иного направления зависит от анатомического строения связок, сухожилий, мышц, суставов, от места нахождения и структуры патологического изменения тканей (сращения, рубцы, спайки).

Растирание локтевым краем кисти применяется на тазобедренном и коленном суставах.

Прямолинейное растирание производится концевыми фалангами одного или нескольких пальцев при массаже небольших мышечных групп в области суставов (рис. 30).

Круговое растирание представляет собой круговое смещение кожи концевыми фалангами пальцев с опорой на большой палец или на основание ладони. Этот прием также можно проводить тыльной стороной всех полусогнутых пальцев или отдельными пальцами, например большим. Растирание проводится либо одной рукой с отягощением, либо двумя руками попеременно. Прием используется при массаже конечностей.

Спиралевидное растирание обычно выполняется локтевым краем кисти, сомкнутой в ку-

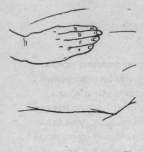

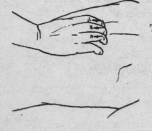

лак, или основанием ладони. В зависимости от формы массируемой области в проведении этого приема участвует либо одна кисть с отягощением, либо обе кисти попеременно.

Спиралевидное растирание применяется при массаже конечностей.

К вспомогательным приемам растирания относятся:
— штрихование;
— пиление;
— пересекание;
— граблеобразное растирание;
— гребнеобразное растирание;
— щипцеобразное растирание.

Штрихование проводится подушечками ногтевых фаланг большого, указательного и среднего пальцев в отдельности или совместно указательным и средним пальцами, сложенными вместе.

Рис. 30. Прямолинейное растирание

Пальцы, которыми выполняется штрихование, должны быть выпрямлены, максимально разогнуты в межфаланговых суставах и находиться под углом 30° к массируемой области.

Пальцами производят давление на поверхность кожи короткими прямолинейными поступательными движениями, добиваясь смещения тканей в разных направлениях: поперечном или продольном, что способствует размягчению, увеличению эластичности и подвижности тканей. Следует избегать скольжения пальцев по поверхности кожи.

Пиление выполняют локтевым краем одной или двух кистей.

При пилении одной рукой подлежащие ткани смещаются короткими движениями в направлении взад-вперед, таким образом происходит растирание. При пилении, производимом двумя руками, ладони обращены друг к другу, находятся на расстоянии 1—3 см и выполняют движения в противоположных направлениях.

Штрихование устраняет патологические уплотнения в коже, подкожной клетчатки и в мышцах, удаляет остаточные продукты воспалений в тканях суставов.

При выполнении данного приема между кистями рук должен быть образован валик из массируемой ткани, который перемещают кистями, избегая скольжения по поверхности кожи (рис. 31).

Пиление используется при массаже бедер и голени, где расположены крупные суставы и большие мышечные пласты.

Рис. 31. Пиление

Вибрация

Вибрацией называются такие приемы массажа, при выполнении которых массируемому участку передаются колебания с различной скоростью и амплитудой. Так как ткани обладают упругостью, механические колебания, возникающие на их поверхности, в виде волн распространяются по тканям и мышцам. Вибрации различаются по силе и мощности. Поэтому при определенной дозировке и силе волны, проникая внутрь, могут вызвать вибрацию глубоколежащих сосудов, нервов и внутренних органов.

Вибрация, вызывая усиление рефлексов, оказывает выраженное рефлекторное воздействие, а также расширяет или сужает сосуды в зависимости от своей частоты и амплитуды, способствует значительному понижению артериального давления, уменьшает частоту сердечных сокращений, сокращает сроки образования костной мозоли после переломов, изменяет секреторную деятельность отдельных органов.

Прерывистая вибрация представляет собой нанесение одиночных, ритмично следующих друг за другом ударов. и отличается от непрерывистой тем, что при выполнении непрерывистой вибрации кисть массажиста, приводя в колебание ткани, не отделяется от массируемой области, а при прерывистой вибрации рука массажиста отделяется от поверхности тела после каждого удара для того, чтобы нанести следующий удар. Удары производятся кончиками полусогнутых пальцев, ребром ладони (локтевым краем ладони), тыльной поверхностью слегка разведенных пальцев, ладонью с согнутыми или сжатыми пальцами, сжатой в кулак кистью одной или двух рук попеременно.

Рубление

Рубление выполняют локтевыми краями кистей, находящихся в полусогнутом положении на расстоянии 2—4 см друг от друга. Предплечья массажиста должны быть согнуты под прямым или тупым углом, кисти совершать приведение и отведение в лучезапястном суставе, что и составляет непосредственно рубление.

Пальцы перед ударом должны быть слегка разведены, при ударе они смыкаются. Воздушные подушки между разведенными пальцами придают безболезненность и эластичность даже интенсивному рублению. Если перед началом удара пальцы не разведены, воздействие может быть жестким, болезненным и привести к травмированию тканей.

Рубление должно производиться ритмично, со скоростью 250—300 ударов в минуту.

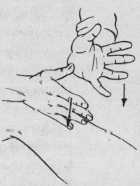

Отличительная особенность рубления заключается в том, что этот массаж обычно выполняется вдоль мышечных волокон (рис. 32).

Рубление применяется при массаже спины, грудной клетки, конечностей и других широких поверхностей тела.

Рис. 32. Рубление

Этот прием оказывает глубокое воздействие на ткани, прежде всего на поперечно-полосатые и гладкие мышцы. Сокращение мышечных волокон, вызванное ударами, происходит по всей длине мышц.

Рубление, воздействуя на кожу, улучшает кровообращение, что усиливает приток кислорода и питательных веществ к массируемой области, отток лимфы, активизирует работу сальных и потовых желез, обмен веществ. Вибрации, вызванные рублением, распространяются и вглубь тканей, что оказывает воздействие на внутренние органы.

Массаж ног

Техника массажа задней поверхности ног. В этой области находится седалищный нерв и его ответвления, поэтому ее массаж может обнаружить возможные отклонения от нормы в нижней части спины. С другой стороны, массаж задней поверхности ног способствует уменьшению болевых ощущений и чувства скованности в мышцах спины и ног.

Глубокий массаж задней поверхности ног противопоказан при варикозном расширении вен, но легкий вполне возможен. В любом случае массирование ног не затрагивает область голени.

Массажист должен находиться возле голени пациента, ноги массируемого отведены друг от друга на 45°.

Перед массажем обе ноги рекомендуется смазать маслом. Движения рук при этом должны быть плавными.

Массируя ногу, массажист должен перемещать ладони вверх и вниз, не сгибая пальцев. Положив ладони на заднюю поверхность голени и расположив левую ладонь выше правой (при массаже левой ноги), выполнить поглаживание. При массаже правой ноги правая рука должна находиться выше левой.

При поглаживании руки должны легко двигаться по центральной линии задней поверхности ноги от стопы до ягодицы, затем ведущая рука должна передвигаться до стопы по внешней стороне ноги, другая рука — по внутренней стороне.

После поглаживания можно переходить к следующему приему — подниманию ноги. Массажист должен занять положение сбоку от массируемого, затем одной рукой обхватить колено, а другой взяться за голеностопный сустав, очень медленно поднять ногу, затем медленно опустить ее. Очень важно, чтобы при поднятии ноги у массируемого не возникло каких-либо неприятных ощущений. Поднимание и опускание ноги повторяют несколько раз (рис. 33).

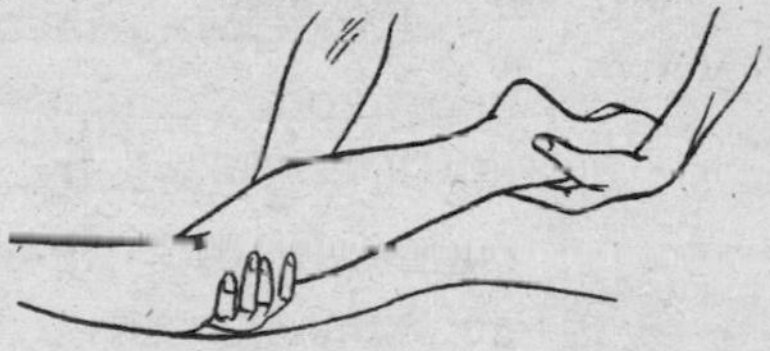

Важно также следить, чтобы при поднимании ноги ее тяжесть ощущалась всем телом.

Рис. 33. Поднимание и опускание ноги

Следующий прием — дренаж. Он стимулирует приток крови к сердечной мышце.

Положение массажиста перед началом массажа — около стопы или сбоку от голени массируемого.

Сначала выполняют короткие поступательные движения большими пальцами. Бедра необходимо массировать ладонью с согнутыми пальцами, область колена — широкими и легкими движениями. Сильного надавливания следует избегать, чтобы не причинить боли от соприкосновения с поверхностью стола.

Далее следует разминание. Обеими руками поочередно захватывают и сжимают мышцы ног, движения при этом должны быть ритмичными. Направление массирования мышц — вдоль бедра и икры сверху вниз.

При массировании стопы можно использовать прием оттягивания. Для этого нужно одной рукой захватить голеностопный сустав и потянуть его на себя, другой рукой в это время поддерживать стопу со стороны подошвы и сгибать ее до точки сопротивления так, чтобы стопа приблизилась к голени.

Следующий этап массажа ног — массирование мышц около голеностопного сустава. Одной рукой берут стопу и массируют пальцами другой руки мышцы вокруг голеностопного сустава, производя круговые движения. Массаж можно делать как одним большим пальцем, так и четырьмя остальными. Массируют сначала одну сторону сустава, затем другую. Придерживая стопу одной рукой в области пятки, другой следует оттягивать стопу в противоположную сторону.

После приема оттягивания следует вращение голеностопного сустава. Вращение выполняется следующим образом: одной рукой взять ногу в области над голенью, другой — стопу и медленно вращать ее. При вращении большой палец ноги должен описывать большие круги. Вращение производится попеременно то в одну, то в другую сторону.

Далее приступают к массированию подошвы ног. Массаж производится большим пальцем. Берут одной рукой стопу, а большим пальцем другой руки массируют всю область стопы сильными круговыми движениями, начиная с пятки и заканчивая под пальцами.

На этом массаж задней поверхности ноги закончен. Перечисленные приемы выполняют сначала на одной, затем на другой ноге.

Техника массажа передней поверхности ног

Массаж передней поверхности ног проводится на заключительном этапе общего массажа.

Положение массажиста: между стопами массируемого.

Приемы, используемые при массаже передней поверхности ног, аналогичны приемам, применяющимся при массаже их задней поверхности.

Массаж можно начинать с любой ноги, при этом стопа массируемого располагается между ногами массажиста. Перед массажем необходимо смазать руки маслом и нанести его на переднюю поверхность обеих ног. Сначала смазывают голеностопные суставы, затем перемещаются вверх, к бедрам, и снова вниз, к стопам. Масло следует растирать тщательно, чтобы мышцы ноги хорошо разогрелись. Пальцы должны быть направлены вверх. С особой осторожностью следует массировать внутренние стороны бедер.

Смазав всю поверхность ног, переходят к поглаживанию. Его начинают с голеностопного сустава, медленно перемещаясь по ноге. Пальцы рук при этом должны быть направлены вверх (рис. 34).

Рис. 34. Поглаживание
голеностопного сустава

Дойдя до верхней части бедра, одну руку направляют к его внутренней стороне, а другой рукой делают круговые движения по бедру. Затем обе руки медленно передвигают вниз по боковым сторонам к стопе. Прием следует повторить еще раз. Следующий прием — вытягивание ноги. Вытягивание нужно выполнить следующим образом: одной рукой взять пятку, другой — внешнюю поверхность стопы, затем податься назад так, чтобы руки были полностью вытянуты, приподнять стопу на несколько сантиметров и тянуть, слегка потряхивая ногу. Потом следует не спеша опустить ногу и повторить вытягивание. При вытягивании растяжению подвергаются три сустава: тазобедренный, коленный и голеностопный.

Выполнение вытягивания ноги требует большого напряжения от массажиста, так как в нем должно участвовать все тело массажиста, а не только руки. Таким образом достигается наибольший эффект массажа. Однако применение силы для вытягивания не требуется, особенно при сжимании стопы.

Особое внимание следует уделить массажу мышц вокруг коленной чашечки. Большие пальцы располагают над коленной чашечкой, а остальными обхватывают колено. Массирование заключается в том, чтобы одновременно отодвигать большие пальцы друг от друга, описывая круги вокруг коленной чашечки, пересекающиеся над и под ней. Прием повторяют несколько раз. После массирования коленной чашечки переходят к массажу бедра.

При массаже бедра используется прием дренажа. Для проведения дренажа нужно обхватить ногу обеими руками так, чтобы большие пальцы рук находились на поверхности бедра, затем поочередно массировать ногу большими пальцами. Массирование выполняют по направлению от коленной чашечки вверх.

Затем выполняют массаж мышц тазобедренного сустава. Встают лицом к массируемому, кладут большие пальцы обеих рук на внешнюю сторону тазобедренного сустава (остальные пальцы плотно лежат, создавая своеобразную опору). Большими пальцами выполняют разминание мышц (рис. 35).

Рис. 35. Разминание мышц в области тазобедренного сустава

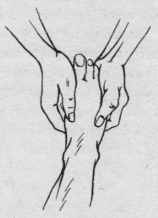

Рис. 36. Сгибание стопы

При массировании передней поверхности ног используется и такой прием, как сгибание стопы (рис. 36). Стопу обхватывают так, чтобы большие пальцы

Рис. 37. Поглаживание на стопе

располагались на ее верхней стороне, а остальные пальцы — на подошве. Затем сильно сжимают стопу, одновременно раздвигая большие пальцы и сгибая свод стопы. После чего переходят к поглаживанию стопы (рис. 37).

Обхватывают стопу обеими руками, медленно перемещают руки, двигаясь по направлению к пальцам.

Выполнив весь комплекс приемов на одной ноге, следует повторить его на другой.

Самомассаж

Самомассаж является одним из самых распространенных видов массажа, который способствует оздоровлению и укреплению организма, улучшению кровообращения, лимфотока, обменных процессов и питания тканей, а также является прекрасным профилактическим средством при борьбе со многими заболеваниями, особенно простудного характера. Самомассаж был известен еще в Древней Греции и Древнем Риме. Упоминание о нем содержится в трудах древнейших греческих врачей Герадикоса и Гиппократа.

При выполнении самомассажа следует соблюдать те же правила, что и при обычном массаже.

Оптимальная температура воздуха в комнате должна составлять 20° С. Руки перед выполнением процедуры тщательно моют с мылом.

Если условия не позволяют это сделать, руки протирают спиртовым раствором. Для того чтобы они были мягкими, хорошо скользили по телу и не раздражали кожу, на них следует нанести детскую присыпку, тальк, рисовую пудру или специальные смазывающие вещества: массажное масло, детский или косметический крем. Лучшим средством при массаже больших поверхностей тела (спины, грудной клетки, бедер)

Проводить самомассаж следует в хорошо проветренном помещении, однако в нем не должно быть слишком холодно, так как это способствует рефлекторному повышению тонуса мышц.

является тальк, который обладает прекрасными впитывающими свойствами (абсорбирует пот, кожный жир), делает кожу гладкой, не вызывает аллергической реакции. После сеанса самомассажа тальк следует аккуратно удалить чистой салфеткой. Выполняя самомассаж на небольших участках тела (кистях, суставах, голенях), нежелательно применять в качестве смазывающего средства борный вазелин, так как он закупоривает поры и ухудшает дыхание кожи.

Во время самомассажа в оздоровительных целях (при лечении радикулита, подагры, отложения солей и др.) можно обработать кожу специальными лечебными мазями и маслами, выпускаемыми фармацевтической промышленностью — такими, как капсин, вирапин, випратокс, випросал, апизатрон, бом-бенге и др.

Движения во время самомассажа производят по ходу естественного тока крови и по направлению к близлежащим лимфатическим узлам. Они располагаются в подмышечных впадинах, подколенных ямках, в области паха и других местах, их массировать не нужно. Таким образом самомассаж рук необходимо выполнять, начиная от кончиков пальцев и продвигаясь вверх до подмышечных впадин.

Самомассаж нижних конечностей проводится от кончиков пальцев до коленных суставов к паховых узлам.

Поза во время проведения сеанса самомассажа должна способствовать максимальному расслаблению мышц, так как это значительно повышает эффективность массажа.

При выполнении самомассажа используют те же приемы, что и в обычном массаже: разного рода поглаживания, выжимания, растирания, активные, пассивные движения и движения с сопротивлением, разминания, потряхивания, встряхивания, поколачивания, рубления и другие ударные приемы.

Самомассаж ног

Самомассаж нижних конечностей способствует поддержанию хорошего тонуса мышц и повышению эластичности кожи.

Кроме того, он является средством профилактики и частью комплексного лечения таких заболеваний, как тромбофлебит и варикозное расширение вен.

Самомассаж рекомендуется проводить при ушибах и других травмах, предварительно проконсультировавшись со специалистом.

С него начинают самомассаж нижних конечностей. Выбор положения пациента при массаже зависит от окружающей обстановки и поставленной задачи.

Если самомассаж бедра является частью общего массажа, рекомендуется выполнять его в домашних условиях. При этом необходимо сесть боком на диван, положить на него выпрямленную ногу, а другую опустить на пол (рис. 38).

В случае, когда условия не позволяют принять нужное положение или возникает необходимость массировать только бедро, следует присесть на стул, согнуть или полусогнуть ноги в коленных суставах таким образом, чтобы они упирались о твердую поверхность наружным краем стопы (рис. 39).

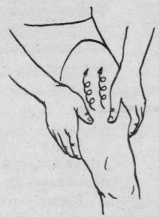

Рис. 38. Самомассаж бедра

Рис. 39. Самомассаж передней поверхности бедра

Приняв нужное положение, можно приступить к выполнению массажа передней и задней поверхности бедер. Если нужно выполнить массирование верхней поверхности бедра и голени,

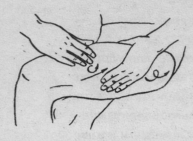

Рис. 40. Самомассаж задней поверхности бедра

следует сесть, положив ногу на ногу (рис. 40).

При этом можно сесть на стул, полусогнуть ногу в коленном суставе, пяткой опереться о предмет, находящийся на одном уровне со стулом.

Кроме того, необходимо иметь устойчивую опору со стороны спины. Ею может служить спинка стула, стена. Самомассаж бедра состоит из нескольких этапов, которые заключаются в последовательном проведении таких приемов, как поглаживание, выжимание, растирание, разминание, потряхивание, поколачивание. Выполнение каждого этапа необходимо заканчивать легким поглаживанием.

Первый этап — поглаживание — производят двумя руками. Движение направлено от коленного сустава к паху.

Для выполнения такого приема следует соединить четыре пальца левой руки вместе, большой палец при этом нужно отвести в сторону. Такое положение при массировании дает возможность захватить бóльшую площадь.

После этого следует плотно прижать ладони к массируемому участку, слегка обхватить его и произвести медленные скользящие движения по коже. При этом одна рука должна следовать за другой, повторяя ее движения.

После этого переходят к комбинированному поглаживанию, при котором одной рукой выполняют прямолинейные движения, другой — спиралевидные.

Поглаживание способствует отшелушиванию верхнего отмершего слоя эпидермиса, что способствует улучшению функционирования потовых и сальных желез, повышению температуры кожи, ускорению тока лимфы и крови в поверхностных сосудах, улучшению внешнего вида кожного покрова.

Второй этап — выжимание. Интенсивность выполнения этого приема зависит от состояния мышц. Если они слабые, плохо развитые, реко-

Рис. 41. Выжимание с отягощением

мендуется проводить выжимание одной рукой. Если мышцы здоровые, сильные, следует приступить к выжиманию с отягощением (рис. 41).

Выжимание с отягощением выполняют основанием ладони и бугром большого пальца. При этом остальные пальцы необходимо сомкнуть.

Существует 2 способа выполнения данного приема. В первом случае массаж внутренней поверхности правой ноги выполняют правой рукой, наружной — левой. Кисть располагают поперек бедра (рис. 42).

Во втором случае массаж рекомендуется проводить правой рукой с наружной стороны правого бедра. Левой рукой проводят массирование

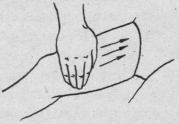

Рис. 42. Самомассаж внутренней поверхности бедра

внутренней стороны правого бедра. При таком способе массирования кисть следует расположить вдоль бедра и производить давление основанием ладони.

Третий этап — растирание. Данный прием выполняют на наружной части бедра гребнями сжатых в кулак пальцев. При этом необходимо одной рукой последовательно произвести такие виды растирания, как прямолинейное, спиралевидное и кругообразное.

Затем проводят прямолинейное и кругообразное растирание с отягощением (двумя руками).

Растирание способствует расширению сосудов, усиливает местное кровообращение, согревает ткани.

Четвертый этап — разминание. Данный прием самомассажа очень важен, так как позволяет произвести массирование поверхностных и глубоко расположенных мышц.

Сначала рекомендуется провести массирование внутренних, передних и внешних участков бедер (рис. 43).

Для этого необходимо плотно обхватить мышцу пальцами, сжать ее и произвести вращательные движения. Одновременно рекомендуется выполнять скользящие движения вдоль мышцы, захватывая новые ее участки. Массирование следует выполнять ритмично, без напряже-

Рис. 43. Разминание бедра

ния и резких движений. После этого выполняют массирование приемом двойной гриф, при котором проводят разминание на внутреннем, переднем и внешнем участках бедра. Массаж выполняют с отягощением.

Следует наложить четыре пальца одной руки на четыре пальца другой, большой палец одной руки на большой палец другой руки (рис. 44). После этого переходят к двойному кольцевому разминанию. Выполняя массаж таким способом, корпус поворачивают в сторону, противоположную массируемой ноге.

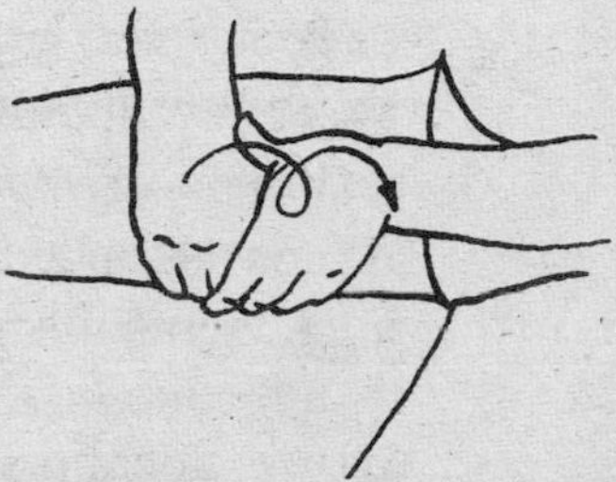

Рис. 44. Двойной гриф

В ходе разминания наружного участка бедра корпус поворачивают в сторону массируемой ноги.

При выполнении данного приема необходимо обхватить мышцу двумя руками таким образом, чтобы они находились друг от друга на расстоянии выпрямленных пальцев кисти.

После этого следует приподнять и оттянуть мышцу каждой рукой в противоположные стороны. Направление движения рук при этом должно плавно и ритмично изменяться.

Продольное разминание выполняют по внутренней, средней и внешним линиям бедер. Для этого необходимо симметрично друг другу наложить обе руки на массируемый участок. Расстояние между кистями должно составлять примерно 1—2 см.

Выполняя прием, нужно захватить мышцу сначала правой, а затем левой рукой. При этом левой рукой мышцу смещают в левую сторону, правой — в правую.

Пятый этап — потряхивание. Этот прием способствует равномерному распределению межтканевой жидкости, улучшению тока крови и лимфы.

Для выполнения приема необходимо захватить мышцу мизинцем и большим пальцем, а остальные пальцы слегка приподнять.

Последний этап — ударные приемы (поколачивание, похлопывание, рубление). Массаж таким способом усиливает приток крови к массируемому участку, увеличению способности мышц к сокращению. При выполнении данных упражнений рекомендуется максимально расслабить мышцы.

Для того чтобы выполнить прием поколачивания, необходимо сжать пальцы в кулак. Слегка расслабив мизинец, наносят ритмичные удары ребром ладони перпендикулярно к массируемому участку. Сила ударов при этом зависит от напряжения мышц кисти.

Похлопывание производят расслабленной кистью одной руки или двумя руками поочередно. Пальцы прижимают к повернутой вниз ладони.

При выполнении приема рубления нужно вытянуть кисть, развести пальцы и расслабить их. Удары при этом наносят мизинцем, а остальные пальцы смыкают. Самомассаж задней поверхности бедра также состоит из нескольких этапов. Для его выполнения необходимо сесть на стул, отставить ногу в сторону на носок и приподнять пятку. Такое положение способствует максимальному расслаблению мышц задней поверхности бедра (рис. 45).

Рис. 45. Поглаживание при самомассаже задней поверхности бедра

При выполнении массажа рекомендуется лечь на бок, противоположный массируемому. При самомассаже задней поверхности бедра последовательно производят поглаживание, выжимание, разминание и потряхивание.

Самомассаж коленного сустава

Коленный сустав является самым крупным и мощным суставом человеческого скелета. Его регулярный самомассаж способен предотвратить возникновение такого заболевания, как отложение солей.

Самомассаж коленного сустава можно проводить при ушибах и других травмах, предварительно проконсультировавшись с врачом.

Эту процедуру можно проводить в положении сидя или стоя. Во втором случае центр тяжести тела переносится на свободную от массажа ногу.

Первый этап при выполнении массажа — кругообразное поглаживание, производимое двумя руками. При массировании правого ко-

лена его верхнюю часть поглаживают правой
рукой, внутреннюю — левой.

Второй этап — растирание. Сначала рекомендуется провести щипцеобразное прямолинейное растирание (рис. 46).

После этого переходят к прямолинейному
и кругообразному растиранию, выполняемому
подушечками четырех пальцев с опорой на большой и подушечкой большого пальца с опорой
на остальные пальцы. Данные приемы можно
выполнять с отягощением (рис. 47).

Прямолинейное растирание производят основанием ладони и буграми больших пальцев.
Ладони при этом плотно прижаты к боковым
участкам сустава. Заканчивают массирование
кругообразным растиранием.

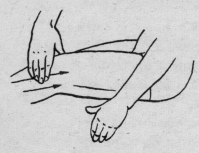

Рис. 46. Щипцеобразное прямоли-
нейное растирание

Рис. 47. Растирание
с отягощением

Третий этап — активные движения.

При этом ногу сгибают в коленном и тазобедренном суставах, стараясь максимально
приблизить бедро к груди.

Движение повторяют 6—7 раз. После этого
голень обхватывают руками, прижимают к гру-

ди и проделывают аналогичное упражнение. Повторяют его 4—5 раз.

Заключительным этапом самомассажа коленного сустава является поглаживание двумя руками.

Самомассаж голени

Эту процедуру рекомендуется начинать с икроножной мышцы. Проводить ее можно в положении сидя (рис. 48).

Направление движений — от ахиллова сухожилия к подколенной ямке. На первом этапе выполняют поочередное и комбинированное поглаживания.

При комбинированном поглаживании правой рукой производят скользящие зигзагообразные движения, левой — прямые. Икроножную мышцу обхватывают таким образом, чтобы четыре пальца располагались сверху, один — снизу.

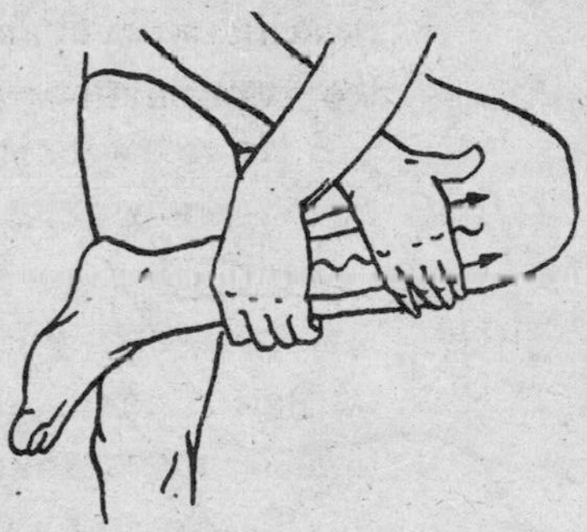

Рис. 48. Самомассаж голени

Второй этап — выжимание. Движения при этом должны быть ритмичными, энергичными.

Третий этап — разминание. Сначала его проводят одной рукой, затем — двумя. При этом кисти располагают поперек икроножной мышцы и поочередно то правой, то левой рукой захватывают и смещают ее в сторону мизинца. Массаж завершают приемом двойной гриф.

Рис. 49. Потряхивание мышц голени

Четвертый этап — потряхивание. Направление движений при этом остается прежним. Но можно проводить массаж и в другом направлении. Для этого следует сесть на стул, согнуть массируемую ногу в коленном суставе и пяткой упереться в предмет, находящийся со стулом на одном уровне (рис. 49).

Самомассаж ахиллова сухожилия, стопы, подошвы

Такой массаж состоит из поглаживаний и растираний. Направление движений при массировании пятки — от мизинца.

Положительного эффекта можно достичь, применяя для массажа подошвы специальный резиновый массажный коврик, который прост в использовании: нужно сначала перекатываться на нем с пятки на носок, затем в обратном направлении, а также переступать с ноги на ногу.

Такие упражнения способствуют укреплению стоп и являются средством профилактики разных видов плоскостопия. Время занятий на массажере зависит от возраста. Например, детям дошкольного возраста достаточно 1—2 минут, школьникам — 2—3 минут.

Массаж рекомендуется начинать в положении сидя. Это поможет быстрее адаптировать подошвы к давлению. Спустя 1 минуту можно встать. При появлении болевых ощущений массаж необходимо прекратить. Проведение такого массажа противопоказано, если стопы деформированы, есть парезы или параличи.

При отсутствии массажера рекомендуется регулярно на протяжении 4—5 минут выполнять перекатывание стопой гимнастической палки диаметром 5—6 см. Можно выполнять самомассаж ноги с помощью другой. Такой массаж служит прекрасным средством профилактики плоскостопия и других дефектов стопы.

Массируемую ногу ставят на пол (на ковер, поролон или палас), а пяткой другой ноги растирают пальцы, подъем стопы, голеностопный сустав и ахиллово сухожилие сначала прямолинейно, затем поперек и кругообразно.

Массаж при лечении деформирующего артроза

При лечении деформирующего артроза тазобедренного, коленного и голеностопного суставов также показаны сеансы массажа.

Массаж при деформирующем артрозе тазобедренного сустава

Выполняется в положении массируемого лежа на животе, при необходимости на боку или на спине. Мышцы, окружающие сустав, следует максимально расслабить. При выполнении данного массажа используются следующие приемы:

— поглаживание на верхней части ягодицы и поясничной области. То же самое рекомендуется выполнить на нижней части ягодицы и верхней трети бедра;

— выжимание на верхней части ягодицы ребром или основанием ладони;

— разминание мышц вокруг тазобедренного сустава сначала основанием ладони, затем подушечками пальцев; при этом нужно следить за тем, чтобы вращение выполнялось в сторону мизинца;

— при несильных болях после разминания приступают к растиранию участков вокруг тазобедренного сустава.

Весь комплекс выполняют 2–3 раза, заканчивать рекомендуется потряхиванием и поглаживанием. С течением времени количество повторений каждого приема увеличивается. Продолжительность сеанса составляет 10 минут. Данный массаж проводят 2–3 раза в день, если врачом не назначено иначе.

При деформирующем артрозе также эффективно используется виб-

При деформирующем артрозе больные суставы рекомендуется растирать 30%-ной настойкой чеснока 1–2 раза в день. Для этого марлю сворачивают в несколько слоев, смачивают в настойке чеснока и прикладывают на 1,5–2 часа к больному месту.

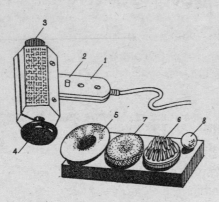

Рис. 50. Вибрационный прибор для массажа: 1 — корпус; 2 — выключатель; 3 — регулятор амплитуды движения; 4 — пластмассовый полукруг; 5 — колокол-присоска; 6 — вибратор; 7 — губка; 8 — шарик

рационный массаж с применением электрического или механического массажера (рис. 50).

Следует помнить о том, что при использовании электрического массажера следует обязательно предварительно провести разогревающий ручной массаж, им же следует и заканчивать. Сеанс массажа с помощью электрического аппарата должен продолжаться не более 8 минут.

Массаж при лечении деформирующего артроза коленного сустава

Сначала массируют мышцы бедра в следующей последовательности:
— комбинированное поглаживание;
— выжимание ребром ладони и гребнями кулаков;
— потряхивание;
— поглаживание;
— разминание;
— потряхивание;
— разминание;
— поглаживание.

На самом суставе применяют концентрическое или круговое поглаживание на боковых участках; растирание: прямолинейное, основаниями ладоней обеих рук, щипцеобразное, круговое.

Каждый прием выполняется по 3—4 раза.

После этого снова начинают массировать бедро, сокращая почти в 2 раза число повторе-

Возрастные изменения хряща становятся ярко выраженными после 35—40 лет.

ний, а затем опять массируют боковые участки сустава, используя кругообразное растирание фалангами пальцев, сжатых в кулак, кругообразное растирание основаниями ладоней и концентрическое поглаживание.

Осторожно проводят активные движения: сгибание и разгибание, вращение голенью внутрь и наружу, после чего опять массируют коленный сустав; после концентрического поглаживания в болезненных местах делают растирания основанием ладони, подушечками и фалангами пальцев, согнутых в кулак. Заканчивают потряхиванием и поглаживанием.

Массаж рекомендуется проводить сразу же после бани.

Массаж при деформирующем артрозе голеностопного сустава

На протяжении всего сеанса положение массируемого необходимо менять.

Сеанс начинается с массирования голени. На икроножной мышце после 2—3 комбинированных поглаживаний проводят глубокое выжимание одной рукой, потряхивание другой; затем выполняют разминание, потом опять потряхивание. Заканчивают массаж поглаживанием.

При массаже икроножной мышцы особое внимание следует уделить участку ее соединения с ахилловым сухожилием. При массировании последнего голень следует приподнять под углом 45—90°, как и при массировании икроножной мышцы. Массажные движения выполняются по всей длине сухожилия, от пятки до места его сочленения с икроножной мышцей.

После поглаживания подушечками пальцев приступают к растиранию. При этом выполняются следующие его виды:

— щипцеобразное;
— прямолинейное;
— кругообразное.

В положении массируемого лежа на животе выполняют растирание передней и боковых поверхностей голеностопного сустава. Массажист кладет кисти рук на сустав таким образом, чтобы большие пальцы располагались на ахилловом сухожилии, а остальные — снизу. Прямолинейное и кругообразное растирание подушечками всех пальцев повторяют по 4—5 раз.

Массирование поврежденного голеностопного сустава следует проводить очень осторожно, в острой стадии заболевания массаж запрещен.

На внешней стороне голени выполняются следующие приемы: поглаживание, выжимание ребром ладони, разминание подушечками четырех пальцев, выжимание и разминание ребром ладони, поглаживание.

Теперь следует массировать собственно голеностопный сустав и стопы. Массируемый находится в положении лежа на спине или сидя, нога вытянута вдоль кушетки и приподнята подложенным под ахиллово сухожилие валиком так, чтобы пятка не касалась кушетки, а сустав был расслаблен и доступен со всех сторон.

На передней поверхности голеностопного сустава выполняют массаж по следующей методике:

— поглаживание концентрическое;

— растирание: щипцеобразное вдоль голеностопного сустава, прямолинейное и кругообразное подушечками пальцев обеих рук, прямолинейное основанием ладони.

Заканчивают массирование концентрическими движениями и поглаживанием.

В том же положении пациента массируют и заднюю поверхность голеностопного сустава от нижнего края наружной стороны лодыжки вдоль ахиллова сухожилия к икроножной мышце.

При этом применяют следующие виды растирания:

— прямолинейное подушечками всех пальцев по направлению к икроножной мышце;

— кругообразное подушечками всех пальцев.

Для снятия болевых ощущений проводят легкий успокаивающий массаж.

После этого голеностопный сустав массируют в различных направлениях и повторяют те же движения на икроножной мышце, ахилловом сухожилии, внешней части голени и на самом суставе, где особое внимание следует уделять области лодыжек.

После массажа сустава тщательно растирается подъем стопы.

Массаж при лечении подагры

При проведении профилактики обострения подагры большую пользу приносит массаж в сочетании с лечебной физкультурой, которую назначит врач.

Предварительный массаж подготавливает болезненно измененные суставы к физическим упражнениям. После проведения поглаживания и легких растираний уменьшается боль, снимается напряжение мышц. Сначала массируют участки вокруг пораженного сустава и только после этого — сам сустав.

После того как боль немного стихнет, приступают к массажу участков выше и вокруг пораженного места с постепенным переходом на растирание самого больного сустава.

Продолжительность сеанса массажа в первые дни составляет 1—7 минут. Время проведения последующих сеансов постепенно увеличивается. Массаж или самомассаж рекомендуется проводить не менее 2—3 раз в день.

ГЛАВА 2

Кожные заболевания ног

На коже ног довольно часто появляются такие заболевания, как мозоли, различные микозы, натоптыши и др., которые хотя и не опасны, причиняют немало неприятных ощущений заболевшему и, кроме того, отрицательно отражаются на внешнем виде ступней.

Грибок

Грибок, или микоз, — болезнь кожи, вызываемая грибами-паразитами. Первичными признаками этого заболевания является изменение цвета и толщины ногтей, а также шелушение, зуд и покраснение кожи (чаще всего между пальцами).

Для предотвращения заболевания микозами рекомендуется при посещении бассейна или душа надевать на ноги резиновые тапочки, а при возвращении домой мыть ступни и протирать их 2%-ным раствором йода. Для профилактики повторного заражения и при лечении грибка следует иногда протирать изнутри обувь уксусом, а после посещения бассейна или бани нанести тонким слоем на стопы и кисти 1%-ный крем ламизил. Кроме этого, на время лечения стоит исключить из рациона сладкие продукты и алкоголь. Среди народных средств, помогающих при лечении грибка, можно назвать следующие: дубовая кора, эвкалипт, спорыш, шалфей и ромашка. При добавлении в горячую ванну они обладают антимикотическими свойствами. Кроме того, при лечении грибка хорошо использовать настойку прополиса на водке, траву чистотела и хвою пихты.

Грибок поддается лечению с помощью ножных ванн. Для этого щепотку соли и щепотку золы следует размешать в горячей воде. Не вынимать ноги из воды 15−20 минут. Хорошим лечебным эффектом обладает смесь 1 чайной ложки лимонной кислоты, растертой в порошок и 3 чайных ложек растительного масла. Растертую в кашицу смесь втирать в участки кожи, пораженные микозом.

Грибок на ногтях ног поддастся лечению холодными ванночками с солью и содой, взятыми по 1 чайной ложке. Следует отметить, что после процедуры ноги необходимо вымыть чистой водой.

От грибка на ногтях рук можно избавиться с помощью крепкого кофе. Его следует заварить, а потом, не сливая осадка, погрузить в него несколько раз руки. Эта процедура способствует исчезновению болей и разглаживанию кожи.

Того же эффекта можно достичь с помощью мяты. Для этого ее нужно смешать с солью и прикладывать к больным местам на ночь.

Мозоли

При появлении мозолей очень важно выяснить, являются ли они следствием ношения неудобной обуви или же их появление связано с какими-либо нарушениями в работе органов или систем организма. Если выяснится, что причина появления мозолей заключается не в обуви, то лечение мозолей до их полного устранения бесполезно.

При лечении мозолей можно воспользоваться следующим способом. Следует очистить лук от шелухи, которую затем залить в банке столовым уксусом. Сделать это нужно таким образом, чтобы шелуха была полностью им покрыта. После чего закрытую компрессной бумагой и завязанную банку следует держать при комнатной температуре в течение 2 недель. Затем нужно вынуть из банки шелуху, позволить уксусу с нее стечь. Шелуха должна немного подсохнуть, прежде чем ее наложить на мозоль слоем в 1—2 мм. При этом окружающую мозоль кожу необходимо смазать вазелином или каким-либо жиром. Шелуху на ноге нужно оставить на ночь. Для этого поверх нее накладывается повязка. Утром, распарив ногу, попытаться осторожно и без особых усилий соскоблить мозоль каким-либо режущим предметом, например не очень острым ножом. В том случае, если мозоли большие или не поддаются удалению с первого раза, следует повторять процедуру до получения желаемого результата.

Если распарить ногу перед сном и привязать к ней кусочек лимона, повторить эту процедуру в течение 2—3 ночей, мозоль можно будет снять аналогичным способом.

Также мозоль может исчезнуть сама собой, если, распарив ее, наложить на поврежденное место свежую смолу любого хвойного дерева. Мозоль со смолой следует заклеить лейкопластырем. Повторять через день.

В том случае, если к появлению мозолей приводит недоброкачественная или плохо сшитая обувь, ее рекомендуется несколько дней подряд обильно смазывать питательным кремом изнутри.

Натоптыши

Натоптыш представляет собой мозоль, которая имеет склонность к увеличению в размерах и затвердению. В отличие от традиционных мозолей натоптыши прозрачны и тверды, имеют коричневый цвет и крайне болезненны при ходьбе.

На время лечения натоптышей следует отказаться от употребления в пищу таких продуктов, как мясо, рыба и специи.

Для лечения этого вида мозолей используется следующий способ. Через мясорубку нужно прокрутить свежую траву чистотела большого, после чего полученную массу наложить на натоптыш, накрыть вощеной бумагой или полиэтиленовой пленкой, перебинтовать и надеть сверху носок. Лечение продолжают до тех пор пока не исчезнет сам очаг повреждения. Вместо чистотела можно использовать 50%-ную самшитовую мазь. В этом случае рекомендуется смазывать здоровую кожу вокруг очага поражения вазелином. Также можно избавиться от натоптышей с помощью столетника (алоэ).

Следует особо отметить, что от натоптышей невозможно избавиться путем распаривания ноги и срезания их лезвием бритвы. Дело в том, что чем чаще срезается роговой слой натоптыша, тем быстрее он растет, увеличиваясь вширь. К тому же бритва может поранить и здоровую кожу, что тоже способствует увеличению мозолей.

Бородавки

Устранению бородавок поможет многократное прижигание их млечным соком чистотела большого. После этого почерневший слой следует аккуратно снимать. Процедуру нужно повторять до полного исчезновения бородавки. Для приготовления сока чистотел необходимо пропустить через мясорубку, а получившуюся темно-зеленую кашицу выжать через марлю. Сок нужно поместить в герметично закрывающийся сосуд, из которого настоятельно рекомендуется периодически выпускать газ. Через неделю или немного ранее, когда начнется брожение, сок можно использовать для лечения.

Также можно рекомендовать каждый вечер перед сном капнуть на каждую из бородавок не более одной капли уксусной эссенции. Через несколько дней бородавки должны сойти.

Бородавку на подошве следует распарить в горячей воде с добавлением соды и мыла. После этого осторожно соскабливают ороговевший верхний слой бородавки и вытирают насухо. Затем следует приложить к поврежденному месту маленький кусочек свежего сырого мяса, заклеить его лейкопластырем и забинтовать на 3—4 дня. Следует особо следить за тем, чтобы под пластырь не попадала вода. После этого повязку снимают и вновь распаривают ногу в растворе мыла и соды. Мягкая бородавка легко отделится от здоровой кожи. В том случае, если размеры бородавки больше обычного, а ее отделение не происходит безболезненно, всю процедуру следует повторить.

Подростковые бородавки следует натирать несколько раз в день долькой чеснока.

Родинки

В том случае, если родинка начала расти, а цвет ее изменился на черный, рекомендуется ежедневно смазывать ее йодом, а внутрь принимать водный настой огородного хрена (пропорция должна составлять 1 : 1) по 1 чайной ложке 3 раза в день. В этом случае рост родинки должен прекратиться. Рекомендуется также обратиться к врачу, чтобы выяснить, не затронуты ли ростом родинки лимфатические узлы.

Бородавки, папилломы и коричневые пятна можно также удалять с помощью касторового масла, которым 3—4 раза в день смазывают кожное образование.

Атеромы и липомы не поддаются лечению и удаляются хирургическим путем.

ГЛАВА 3

Травмы ног

Каждый день человеку приходится сталкиваться с различными жизненными ситуациями, которые порой оказываются довольно неприятными. Многие из этих ситуаций приводят к разнообразным травмам.

Травмы ног являются одним из наиболее распространенных видов повреждений. Для того чтобы оказать первую помощь при травмах, необходимо иметь специальные знания, которые помогут снять болевые ощущения и вернуть пострадавшему двигательные способности.

Ушиб

Это повреждение тканей и органов тела тупым предметом без нарушения целостности наружных покровов. Кроме того, ушибы являются следствием падения, а также воздействия ударной волны при взрывах.

Ушибы, как правило, сопровождаются разрывами мелких сосудов и кровоизлияниями, нарушением целостности подкожной клетчатки, мышечных волокон. В некоторых случаях ушибы сопровождаются даже повреждениями внутренних органов. При этом происходит травмирование мягких тканей с разрывом кровеносных сосудов и последующим кровоизлиянием в ткани. Кровь, пропитывающая мягкие ткани, образует кровоподтек; кровь, излившаяся из кровеносных сосудов в большом количестве и скопившаяся в тканях, — гематому.

Признаки ушиба: боль, припухлость ушибленного места, кровоизлияние в ткани. Болевые ощущения особенно выражены сразу после ушиба, когда увеличивается кровоизлияние и сдавливание излившейся кровью чувствительных нервных окончаний. Припухлость в месте ушиба не всегда отчетливо выражена. Для того чтобы обнаружить ее, нужно осматривать и ощупывать обе ноги. Кровоизлияние в месте ушиба видно только в том случае, когда оно произошло под кожей. Если кровоизлияние произошло в глубоколежащих тканях, цвет кожи в месте ушиба сначала не меняется. Спустя 1−3 дня оно проявляется в виде пятен темно-бурого цвета. При значительном кровоизлиянии в ткани в течение нескольких дней может наблюдаться повышение температуры тела.

Иногда ушиб сопровождает инфекция. В этом случае боли в области ушиба усиливаются, общее состояние больного ухудшается, температура тела повышается до 38° С.

Первая медицинская помощь при ушибах

Оказание первой помощи при ушибах заключается в уменьшении боли и кровоизлияния.

Для этого необходимо использовать лед и давящую повязку.

В первую очередь на место ушиба необходимо наложить кусок ткани, смоченной в холодной воде.

Можно перебинтовать ногу эластичным бинтом, затем приложить к поврежденному участку грелку с холодной водой, пластиковую бутылку со снегом, кусочками льда или холодной водой.

Для прекращения кровоизлияния через 2—3 дня после ушиба используют различные согревающие средства, например компрессы или теплые ванны. Положительный эффект при этом оказывает также массаж.

Следует предупредить, что непосредственно после ушиба данные процедуры применять нельзя, поскольку они усиливают кровоизлияние.

При наличии ссадин на месте ушиба рекомендуется смазать их йодом, затем наложить давящую повязку, а сверху — холодную грелку. После этого больному нужно находиться в состоянии покоя. При этом ногу пострадавшего укладывают так, чтобы она находилась в приподнятом положении.

Массаж при ушибах

Эта процедура способствует обезболиванию травмированного участка, усилению кровообращения и улучшению обмена веществ в месте ушиба.

При массаже происходит интенсивное сокращение мышц, способствующее устранению атрофии, отеков и кровоизлияний.

Массаж делают спустя 2—3 дня после ушиба, если нет тромбозов вен, разрывов крупных сосудов и мышц.

При повреждении мышц массаж рекомендуется проводить в 2 приема: подготовительный и основной.

Подготовительный массаж представляет собой массирование неповрежденных участков, расположенных выше травмы. В этом случае создаются благоприятные условия для оттока венозной крови и лимфы от места травмы без непосредственного соприкосновения с ним.

Подготовительный массаж проводят спустя 7—8 часов после ушиба. При выполнении приемов массажа необходимо учитывать характер повреждения и болевые ощущения пациента.

Рекомендуется провести 4—6 сеансов подготовительного массажа, после чего приступить к основному.

При травме икроножной мышцы основными приемами являются:

1. Поглаживание:
— попеременное;
— спиралевидное.

2. Клювовидное выжимание тыльной стороной кисти.

3. Разминание:
— ординарное;
— двойное кольцевое;
— двойное кольцевое продольное;
— клювовидное кистью к себе (выполняют в щадящем режиме).

4. Потряхивание.

5. Спиралевидное поглаживание.

6. Разминание:

— двойное кольцевое продольное;

— кругообразное фалангами согнутых пальцев сначала одной руки, а затем обеих рук;

— кругообразное клювовидное двумя руками.

7. Выжимание.

8. Потряхивание.

9. Поглаживание.

10. Клювовидное выжимание тыльной стороной кисти.

Массаж — эффективное средство для лечения закрытых переломов. Следует иметь в виду, что при открытых переломах применение приемов массажа противопоказано, так как нередко это является причиной возникновения местной или общей инфекции.

Для того чтобы добиться положительного результата, рекомендуется делать массаж не только на поврежденной ноге, но и на симметрично расположенной части здоровой ноги. Всего нужно выполнить 12—16 сеансов массажа.

Вывих

Эта травма представляет собой смещение суставных концов костей за пределы их нормальной подвижности.

При травмах и различных заболеваниях суставов вывих сопровождается разрывом суставной сумки и связок с выходом суставного конца одной из костей из сумки.

Вывих распознают по следующим признакам: полная невозможность движения в поврежденном суставе, сильные болевые ощущения, неестественное положение ноги, связанное с сокращением мышц (например, при вывихах в тазобедренном суставе нога выворачивается носком внутрь), изменение очертаний сустава в сравнении с таким же суставом на здоровой ноге, изменение длины ноги, чаще ее укорочение.

Ощупывая сустав при вывихе, суставную головку определить невозможно.

В этом месте обычно прощупывается пустая суставная впадина. В области вывихнутого сустава наблюдается припухлость вследствие кровоизлияния.

Первая медицинская помощь при вывихах

Оказывая первую помощь при вывихах, необходимо в первую очередь наложить шину или повязку с целью фиксирования ноги в наиболее удобном для пострадавшего положении.

Вправить вывих может лишь врач. Нельзя пытаться самостоятельно вправлять вывих, так как нередко бывает довольно трудно установить, является ли травма вывихом или переломом. Кроме того, вывихи часто сопровождаются трещинами и даже переломами костей.

На область поврежденного сустава необходимо поместить лед. Рекомендуется применение обезболивающих средств. Следует учитывать, что возникший однажды вывих может повториться.

Это состояние называется привычным вывихом.

Массаж при вывихах

Как уже упоминалось, вывих представляет собой повреждение суставов, сопровождающееся смещением суставных концов костей.

Массаж при вывихе делают лишь спустя 24 часа после того, как он вправлен. При этом рекомендуется выполнять следующие приемы:

1. Прямолинейное поглаживание на травмированной области.

2. Клювовидное выжимание локтевой частью.

3. Кругообразное разминание травмированной области подушечками 4 пальцев.

Приемы повторяют 4–5 раз.

Если пострадавший испытывает болевые ощущения при массировании травмированной области, процедуру следует выполнять в щадящем режиме.

После проведения подготовительного массажа рекомендуется приступить к основному массажу. Он заключается в следующем:

1. Концентрическое поглаживание.

2. Растирание:

— щипцеобразное прямолинейные;

— щипцеобразное спиралевидные (направлены вниз вдоль голеностопной щели).

3. Поглаживание.

4. Клювовидное растирание сначала одной, а потом другой рукой.

5. Поглаживание на голени.

6. Выжимание на голени.

7. Концентрическое поглаживание на голеностопном суставе.

8. Концентрическое поглаживание на поврежденном суставе. Приемы рекомендуется выполнить 3–4 раза, стараясь не причинить боли пациенту. Массаж, проводимый после вправления вывиха, способствует снятию болевых ощущений, рассасыванию кровоизлияний, улучшению трофики тканей, восстановлению двигательных функций травмированной конечности и предупреждению атрофии мышц.

Растяжение связок

Растяжение связок характеризуется возникновением резких болей, быстрым отеком в области травмы, а также нарушением двигательных функций суставов.

В отличие от переломов и вывихов при растяжении связок движения в суставе возможны, однако довольно болезненны и весьма ограничены. Кровоизлияние становится заметным лишь в последующие 2–3 дня.

Растяжение связок является следствием резкого движения сустава. Наиболее часто растяжение происходит в голеностопном суставе при быстрой ходьбе, беге, неудачных прыжках.

Возникают растяжения связок пальцев рук при игре в волейбол, прыжках через гимнастические снаряды. При растяжении возможен частичный или полный разрыв связок, сопровождающийся кровоизлиянием в ткани из поврежденных кровеносных сосудов.

Первая помощь при растяжении связок

Оказание медицинской помощи при растяжении связок заключается в наложении тугой повязки, фиксирующей сустав. Для того чтобы повязка не сползала, следует накладывать ее восьмеркой, пропуская бинт через пятку.

Не следует снимать повязку на ночь. Правильно наложенная, она уменьшает отек и удерживает сустав в нужном положении.

Не рекомендуется снимать повязку до тех пор, пока связки не восстановятся после травмы. Обычно на это требуется примерно 5—7 дней.

Для более быстрого восстановления травмированных связок рекомендуется смазывать кожу вокруг поврежденного участка кашицей из измельченного свежего или запеченного репчатого лука, смешанного с сахаром в соотношении 10 : 1. Кашицей смазывают травмированную ногу, накладывают сверху лист бумаги и закрепляют бинтом. Компресс рекомендуется менять 2—3 раза в день. Положительный эффект оказывает применение смеси, приготовленной следующим способом: 2 части натертого на мелкой терке детского мыла смешивают с 1 частью водки и 1 частью яичного белка.

Полученной мазью пропитывают сложенную вдвое марлю и накладывают ее на травмированный участок ноги. Компресс фиксируют бинтом и оставляют на 24 часа.

Не рекомендуется накладывать на поврежденный сустав слишком тугую давящую повязку, так как нередко это является причиной нарушения кровообращения и усиления болевых ощущений.

При разрыве связок, особенно при кровоизлиянии в полость сустава, следует зафиксировать ногу пострадавшего. После этого необходимо создать условия для срастания порванных связок; если болевые ощущения усилились, травмированный сустав распух и побагровел, необходимо срочно обратиться к врачу.

Одной из наиболее болезненных травм, чаще всего встречающейся у спортсменов, является растяжение связок лодыжки. Для того чтобы избежать возможных осложнений после растяжения связок или сухожилий, необходимо немедленно обратиться за помощью к врачу.

Существует множество различных степеней повреждения связок. Специалист может подобрать оптимальный режим их восстановления для конкретного пациента.

Существует несколько основных правил, которых необходимо придерживаться, для того чтобы избежать возникновения различных осложнений, вызванных растяжением связок стопы.

1. На протяжении 24—48 часов после растяжения не рекомендуется ступать на поврежденную ногу.

2. В течение 48 часов после растяжения рекомендуется накладывать на травмированную ступню лед. Длительность процедуры не должна превышать 20 минут. Следует учитывать, что класть лед непосредственно на кожу нельзя. Луч-

ше всего применять толченый лед, помещенный в целлофановый пакет. Такой компресс будет плотно прилегать к пострадавшему суставу.

3. С целью уменьшения опухоли и болевых ощущений можно положить тугую повязку.

При оказании первой помощи при растяжении связок можно принимать обезболивающие препараты, способствующие уменьшению болевых ощущений. При сильной боли нужно развести новокаин с водой в соотношении 1 : 3.

4. При растяжении связок стопы пострадавшему нужно держать ногу в приподнятом положении.

Однако не стоит самостоятельно выбирать обезболивающие средства. Выбор необходимо согласовать с лечащим врачом.

В некоторых случаях при растяжении связок на травмированную область накладывают гипс.

Массаж при растяжении связок

Как уже упоминалось, растяжение связок представляет собой повреждение, сопровождающееся смещением и нарушением целостности суставов.

Травмированными могут быть места прикрепления связок, окружающая сустав клетчатка, синовиальная оболочка суставов, сухожилия, хрящи, мышцы, сосуды и нервы.

Растяжение связок, как правило, сопровождается острой болью при движении, опухолью в области травмированного участка и воспалением суставов.

Массаж при таких повреждениях помогает снизить болевые ощущения, улучшить крово- и лимфоотток в области травмированного участка, восстановить нормальную двигательную деятельность сустава.

Не следует забывать, что приступать к выполнению приемов массажа можно лишь спустя 24 часа после получения травмы. Предварительно рекомендуется провести прогревание.

Перед тем как приступить к массажу поврежденной области, рекомендуется провести массирование вышерасположенных участков. Например, при травме сумочно-связочного аппарата голеностопного сустава массируют голень, при растяжении коленного сустава — бедро. В случае повреждения лучезапястного сустава необходимо массировать предплечье.

При растяжении связок рекомендуется 1—2 раза в неделю проводить подготовительный массаж. Процедура не должна превышать 5—10 минут. После этого приступают к основному массажу. Время проведения массажа травмированной области следует постепенно увеличивать (примерно до 15 минут).

Проводя подготовительный сеанс массажа, рекомендуется выполнить следующие приемы:

1. Прямолинейное поглаживание.

2. Клювовидное выжимание локтевой частью.

3. Кругообразное разминание подушечками четырех пальцев. Приемы повторяют 4—5 раз.

После подготовительной приступают к основной части массажа, которая включает:

1. Концентрическое поглаживание.

2. Растирание:

— щипцеобразное прямолинейное;

— щипцеобразное спиралевидное.

3. Поглаживание.

4. Клювовидное растирание сначала одной, а затем другой рукой.

Если пациент испытывает болевые ощущения в травмированной области, массаж проводить не рекомендуется.

5. Поглаживание на голени.

6. Выжимание на голени.

7. Концентрическое поглаживание на голеностопном суставе.

8. Растирание на голеностопном суставе:

— «щипцы» прямолинейные;

— «щипцы» спиралевидные.

9. Концентрическое поглаживание на голеностопном суставе. Приемы выполняют 3—4 раза.

Переломы

Переломы костей являются следствием сильного ушиба или падения.

Первая помощь при этих травмах заключается в обеспечении неподвижности травмированной части тела.

Это необходимо для того, чтобы уменьшить болевые ощущения и устранить возможность дальнейшего повреждения сломанной костью окружающих ее тканей — мышц, кровеносных сосудов, нервов.

Перед наложением шины нужно убедиться в том, что перелом закрытый, то есть кожный покров не поврежден. Если кожа по-вреждена, необходимо предварительно обработать рану и осторож-но наложить повязку. Ни в коем случае нельзя самос-тоятельно вправлять кости при открытом переломе.

Вместо специальной шины можно использовать не-большие дощечки или куски фанеры. Подготов-ленный предмет должен захватывать не только место перелома, но и по одному суставу выше и ниже его.

На травмированный учас-ток тела накладывают повязку из стерильного материала, сверху кладут ткань или одеж-ду (чтобы шина не давила на область перелома). После этого накладывают шину.

Шинным материалом обкладывают повреж-денный участок тела таким образом, чтобы обес-печить полный покой травмированной области. Шину фиксируют бинтом или любым заменя-ющим его материалом.

Переломы бедра

Среди травм бедра наиболее часто встреча-ется перелом шейки бедра (рис. 51). Он явля-ется следствием незначительной травмы, напри-мер падения с высоты 1—2 м, что характерно в основном для лиц пожилого возраста.

Перелом бедра происходит под действием большой силы, например при наезде на челове-ка автомобиля, а также при падении с высоты. При таких травмах колено пострадавшего слег-

Рис. 51. Перелом шейки бедра

ка повернуто внутрь, к здоровой ноге. Реже наблюдается поворот к наружной стороне.

Кроме того, при этом быстро появляется опухоль, наблюдается сильная боль в области тазобедренного сустава. Попытки слегка приподнять ногу вызывают острую боль в месте перелома.

Первая помощь при переломах бедра

При оказании первой помощи пострадавшему необходимо ввести обезболивающее средство. Однако выбор такого препарата следует предоставить врачу.

Первую помощь при переломах бедра должны оказывать 3 человека. При этом один становится у ног пострадавшего, берет его одной рукой за пятку, другой за тыльную сторону стопы, во время наложения шины слегка подтягивает к себе поврежденную конечность. Второй человек также должен поддерживать пострадавшего за плечи, а третий — накладывать шину.

Рекомендуется накладывать 2 шины: длинную — от подмышечной впадины до наружной стороны лодыжки, и короткую — от паховой области до внутренней стороны лодыжки.

Обе шины следует укреплять в 2—3 местах на бедре и в 2 местах на голени. Помимо этого, длинную шину нужно зафиксировать с помощью бинта к туловищу. При этом стопу необходимо расположить под углом 90°.

Если под рукой не оказалось подходящего материала для изготовления шины, можно просто туго прибинтовать поврежденную ногу к здоровой.

Массаж при переломах бедра

Рекомендуется проводить массаж живота, грудной клетки и участков, находящихся ниже и выше места перелома.

При этом проводят приемы поглаживания и растирания мышц нижней части бедра. Массаж предотвращает возникновение мышечной атрофии, отеков.

Перелом голени

Одной из причин такого рода перелома является сильный удар по голени, падение на ногу тяжелых предметов, резкое вращение голени при фиксированной стопе (рис. 52).

Одна из типичных ситуаций при таком переломе — сдавливание голени при аварии, когда пострадавший находился в машине.

Рис. 52. Перелом голени

Чаще всего происходит перелом обеих костей голени. При этом наблюдаются деформации в коленном суставе и укорочение голени, возникают сильные болевые ощущения. Пострадавший не может самостоятельно поднять ногу.

Первая помощь при переломах голени

Оказание медицинской помощи при переломе голени заключается в наложении шины от верхней трети бедра до конца пальцев стопы. Для этого нужны 2 человека. При наложении шины один человек должен держать поврежденную ногу и слегка подтягивать ее к себе. При этом ногу нужно захватывать от середины бедра до пятки. Другой должен накладывать 2 шины: одну с наружной стороны голени, другую — с внутренней. Шины закрепляют на бедре, ниже колена и немного выше голеностопного сустава.

При переломе верхней части голени также накладывают 2 шины: длинную от подмышечной впадины до пятки, короткую от паховой области. Закрепляют шины в 2—3 местах на бедре и в 2 — на голени. Если нет шин, можно туго прибинтовать поврежденную ногу к здоровой.

При переломах костей нижних конечностей рекомендуется проводить приемы массирования в области пояснично-крестцового и нижнегрудного отделов.

Перед наложением шин рекомендуется ввести пострадавшему обезболивающее средство. Выбор препарата следует согласовать с врачом.

Массаж при переломе голени

Рекомендуется проводить массажные приемы на мышцах бедра и участках, расположенных выше и ниже области перелома.

Следует учитывать, что массаж проводят лишь спустя неделю после повреждения голени.

При этом выполняют следующие приемы массирования:

1. Поглаживание.
2. Растирание стопы.

Травмы коленей

Колено является одним из основных суставов, распределяющих нагрузку в ноге. Его стабильность позволяет телу сохранять вертикальное положение, когда человек стоит, идет или совершает прыжки.

Опухоль колена

Опухоль этого сустава является основным симптомом его повреждения. В связи со сложностью строения коленного сустава опухоль может внезапно образоваться вокруг поврежденного участка. При этом она нередко достигает 7 см над коленом на передней стороне бедра. Однако в некоторых случаях опухоль бывает менее заметной.

Опухоль, появившаяся в результате какой-либо травмы колена, может возникнуть сразу же после повреждения сустава или спустя несколько часов.

Наиболее часто возникающие повреждения колена являются следствием перегибов или вывихов, что случается, как правило, когда колено резко сгибается или выворачивается.

Весь объем повреждения колена можно установить спустя некоторое время после травмы.

Небольшая опухоль может образоваться на внешней стороне колена или задней части коленного сгиба, что является результатом воспаления суставной сумки.

При опухоли колена пострадавший испытывает болевые ощущения в травмированной области, которые со временем усиливаются.

Растяжение подколенного (подчашечного) сухожилия

Подколенное сухожилие расположено между нижней частью коленной чашечки и верхней частью кости голени. Оно выполняет основную функцию при разгибании колена.

Это сухожилие играет важную роль во всех движениях колена и может быть легко растянуто при перенапряжении. Растяжение обычно является следствием постоянной длительной нагрузки. Неудобная обувь также приводит к растяжению, так как не позволяет колену согнуться под правильным углом. При растягивании подколенного сухожилия некоторые из его тканей разрываются, что вызывает резкую боль. Однако это не всегда препятствует нормальной работе сустава. В результате растяжения или частичного разрыва сухожилие становится более жестким, так как на нем образуются шрамы, что ограничивает работоспособность и вызывает резкую боль при движении.

Сухожилие может быть разорвано полностью, в результате чего все мускулы бедра теряют точку крепления. При этом пострадавший испытывает резкую боль в ноге. В таком случае необходимо обратиться за помощью к врачу.

Оказывая первую помощь при разрыве сухожилия, необходимо зафиксировать ногу, сохраняя ее как можно менее подвижной.

Подколенное сухожилие может быть разорвано как в результате большой нагрузки, так и при небольшой, если прежде оно уже было неоднократно травмировано.

Травмы коленной чашечки

При ушибе передней части коленной чашечки в суставной сумке образуется большое количество синовиальной жидкости. В результате колено опухает, на нем формируется большое яйцевидное образование.

Опухоль обычно заметна, но не всегда причиняет человеку боль или приводит к затруднению движений. Болевые ощущения возникают при разгибании и сгибании колена, движении кожи на суставе.

При травме коленной чашечки необходимо обратиться за помощью к врачу. Специалист удалит лишнюю жидкость, однако опухоль может появиться вновь. Для того чтобы полностью удалить опухоль, потребуется оперативное вмешательство, в результате которого будет ликвидирована сама причина образования опухоли.

Опухоль колена возникает и увеличивается от постоянных нагрузок на его переднюю часть. Нередко опухоль появляется при травме колена (внезапном ударе или падении).

После лечения на колено накладывают гипс, чтобы предотвратить образование жидкости в коленной чашечке. Спустя 4 недели после операции гипс снимают, и начинается процесс реабилитации.

Смещение коленной чашечки

Эту травму можно получить в любом возрасте, однако наиболее часто она бывает у детей. Если травма была получена в детстве, не исключено, что она возникнет впоследствии.

При лечении травмы специалисту необходимо устранить механические дефекты, приводящие к смещению коленной чашечки или ставшие его причиной. Для того чтобы травма не стала привычной, врач назначает пациенту специальную программу упражнений, направленных на усиление внутренней части квадрицепса.

При сильном смещении коленной чашечки пациенту может быть показано оперативное вмешательство, направленное на укрепление чашечки изнутри. В более серьезных случаях возможно полное удаление чашечки во избежание дальнейших проблем.

Боли во внутренней части колена

Такие боли нередко возникают в результате повреждения связки, защищающей внутреннюю часть колена, при резком повороте колена (особенно если оно при этом находилось в согнутом положении). Подобную травму легко получить, поскользнувшись. Связку можно повредить несильно, растянув при этом ткани или получив небольшой надрыв. Не исключено и более тяжелое повреждение, включающее полный разрыв связки. При этом, если связка растягивается в местах прикрепления к кости (на голенной или бедренной кости), она может быть причиной повреждения костей.

При сильной травме колена пострадавший испытывает внезапную резкую боль во внутренней части колена, так как сустав при этом выворачивается. Боль бывает недолгой или довольно продолжительной, когда невозможно двигать ногой. В месте разрыва образуется отек. Если связка разорвана полностью,

Разорванную связку можно почувствовать через прикосновение — она становится мягкой на ощупь. Сустав при этом чрезмерно подвижен, так как порванная связка позволяет ему двигаться свободно.

разрыв можно заметить, когда травмированный участок осматривает врач, оценивая повреждение и отводя ногу пострадавшего в сторону.

При разрыве связки возникает боль в коленной чашечке, которая будет прогрессировать, если не выполнять специальных упражнений, направленных на восстановление двигательных функций после полученной травмы.

Иногда при выполнении специальных упражнений болевые ощущения сохраняются в травмированном участке сухожилия. Причиной этого могут быть осколки кости, оставшиеся в месте травмы. Наиболее часто это встречается при травме сухожилия, расположенного на бедренной кости. Остатки кости удаляют путем оперативного вмешательства, однако чаще всего такая проблема решается выполнением ряда специальных упражнений, рекомендованных врачом и направленных на укрепление коленных мышц.

В некоторых случаях сохраняющаяся боль в колене является результатом более серьезных повреждений, которые не были замечены своевременно. Такие травмы нередко приводят к повреждению связки и хряща, к которому она крепится. При этом сухожилие в средней части колена также может быть травмировано.

Если при сгибании колена пострадавший чувствует сохраняющуюся боль (особенно если колено опухает), необходимо вновь обратиться к врачу.

ГЛАВА 4

Лечение и профилактика варикозного расширения вен

Под варикозным расширением вен понимают состояние, когда периферические вены, расположенные на поверхности мышц ног под кожей, становятся набухшими и извилистыми. Чаще встречается расширение поверхностных вен, сопровождающееся несостоятельностью венозных клапанов и нарушением кровотока.

Варикозное расширение вен бывает первичным и вторичным. В первом случае его заболевание связано со слабостью или функциональными нарушениями венозной стенки и, как правило, развивается во время беременности, при ожирении, длительном пребывании в положении стоя, врожденной слабости соединительной ткани, ношении носков и чулок с тугими резинками.

Во втором случае это заболевание возникает при следующих условиях:

— в результате нарушения венозного оттока;

— при несостоятельности клапанов глубоких вен;

— при опухолях;

— при травмах.

Варикозным расширением вен страдает примерно 20% населения, причем у женщин данное заболевание встречается чаще, чем у мужчин. Врачи уверены, что более половины всех заболевших не знают того, что они серьезно больны.

Для того чтобы вовремя определить заболевание и обратиться к врачу, нужно внимательно следить за состоянием своих ног. Именно поэтому всем, кто входит в группу риска, следует знать некоторые главные признаки данного заболевания.

К таковым относятся:
— боли в ногах;
— ощущение тепла и жжения в ногах по ходу вен;
— тяжесть в ногах;
— отеки ног, обнаруживаемые в основном вечером;
— судороги в ногах, появляющиеся ночью;
— расширенные вены.

К упомянутым выше факторам риска относятся следующие:
— наследственная предрасположенность;
— беременность и роды;
— увеличение веса тела;
— определенный образ жизни, связанный с тяжелой физической работой и длительным пребыванием в положении стоя.

Кроме того, развитию заболевания способствуют определенные генетические и гормональные нарушения, тромбозные заболевания, плоскостопие и др.

Опасность возникновения варикозного расширения вен появляется после 20 лет, особенно если имеется наследственная предрасположенность к нему. И даже в этом случае больной не обращает никакого внимания на первые симптомы, не связывает их с возможной болезнью. Например, частую утомляемость ног, немного расширенные, просвечивающие сквозь кожу голубые вены многие объясняют чем угодно, но только не варикозным расширением вен. Действительно, эти симптомы могут быть предвестниками и других заболеваний. Однако если к ним прибавятся ощущение тяжести в ногах, кожный зуд, небольшие отеки в области голеностопного сустава — это симптомы настоящего заболевания. Если болезнь запущена, могут образовываться трофические язвы. Поэтому очень внимательно нужно следить за цветом кожи ног, особенно голеней в области лодыжек.

При несвоевременно начатом лечении болезнь прогрессирует: развиваются тромбофлебиты, флеботромбозы, появляются трофические язвы, варикозные разрывы, которые могут вызвать кровотечение. Для более точной диагностики следует обратиться к врачу, поскольку при остром тромбофлебите требуется более интенсивное лечение, чем при неосложненной болезни.

Механизм развития варикозного расширения вен

В основе развития данного заболевания лежит нарушение функционирования венозных клапанов поверхностных или глубоких вен, что приводит к затруднению оттока крови. В норме кровь в нижних конечностях движется по венам только вверх, по направлению к сердцу. Этому способствуют следующие факторы:

— сокращение икроножных мышц и венозных клапанов;

— всасывающее действие сердца;

— движения диафрагмы;

— передаточная пульсация артерий, расположенных рядом с венами.

При недостаточном функционировании или частичном разрушении венозных клапанов часть крови поступает обратно вниз. В результате длительного повышения давления в венах происходит изменение их структуры: они расширяются.

Тромбофлебит — воспаление стенок вены с образованием тромба, закупоривающего ее просвет. Чаще всего возникает как осложнение при варикозном расширении вен после родов, операций, инфекционных болезней.

Застой венозной крови способствует развитию тромбоза поверхностных и глубоких вен нижних конечностей и полному или частичному разрушению венозных клапанов.

Примерно в 50% всех случаев появление данной патологии связано с беременностью, поскольку именно в этот период в организме будущей матери происходит перестройка, затрагивающая все органы и системы; одновременно появляется нарушение оттока крови и, как следствие этого, развитие венозной недостаточности.

Основными причинами последнего нарушения являются сдавливание растущей маткой крупных венозных сплетений и размягчение стенок вен под воздействием гормонов, обеспечивающих нормальное течение беременности. Наибольшее повреждающее воздействие на стенки вен оказывает колебание внутрисосудистого давления во время родовых схваток.

Венозная недостаточность, связанная с беременностью, развивается следующим образом.

Сначала у беременной женщины к вечеру появляются отеки голени и стопы, чувство тяжести в икрах. К этим признакам затем прибавляются судороги, которые случаются преимущественно в ночное время.

Также появляются и внешние симптомы, например сеточка из вен; если сосуды нечаянно травмировать, появляются кровоподтеки.

С увеличением срока беременности крупные вены на бедрах, голенях и в области промежности расширяются, причем последние более опасны, поскольку зачастую становятся причиной тяжелого кровотечения во время родов.

Лечение

В настоящее время известно несколько основных способов лечения варикозного расширения вен.

Для того чтобы понять достоинства и недостатки каждого из них, следует их изучить.

Лечение медикаментозными средствами

Такое лечение заключается в назначении диуретиков (при выраженных отеках, особенно в начале заболевания), противовоспалительных и флеботропных средств.

В аптеках представлен огромный выбор препаратов для лечения варикозного расширения вен.

Однако не стоит покупать дорогостоящие лекарства: и врачам, и фармацевтам известно, что красивая упаковка некоторых средств скрывает аналог недорогого и хорошо известного препарата.

Заниматься самолечением и самостоятельно приобретать тот или иной препарат не стоит, только врач сможет подобрать подходящее средство.

Также при приобретении неизвестного препарата следует опасаться возможных побочных эффектов и различных осложнений. Конечно, существует вероятность того, что они могут быть перечислены в аннотации, правда очень поверхностно. Именно поэтому предварительно нужно проконсультироваться с врачом для выявления всех имеющихся противопоказаний к тому или иному средству.

Склеротерапия

В основе этого метода лежит возможность некоторых лекарственных препаратов при внутривенном введении особым образом взаимодействовать с венозной стенкой, в результате чего в дальнейшем происходит ее склеивание и прекращение тока крови на этом участке. На месте вены остается только практически безболезненный тяж, который вскоре проходит.

Данный метод лечения варикозного расширения вен при всех своих достоинствах имеет и недостатки. Во-первых, ни один врач не сможет дать твердой гарантии, что позднее вена не выявится снова. Во-вторых, после использования данного метода могут появиться такие осложнения, как воспаление тканей при попадании препарата под кожу, реже — кожные некрозы. Иногда по ходу склерозируемой вены происходит пигментация кожных покровов, в основном в результате локального тромбофлебита, спровоцированного недостаточным опорожнением сосуда при инъекции. Однако все указанные осложнения неопасны и проходят через некоторое время.

Противопоказания к проведению склеротерапии:

— индивидуальная непереносимость склерозанта;

— неспособность поддерживать достаточную двигательную активность после инъекций;

— избыточная подкожная жировая клетчатка, не позволяющая использовать нужную степень компрессии.

Оперативное вмешательство

Хирургическое удаление расширенных вен заключается в вытягивании пораженной вены через небольшой разрез на коже.

Этому методу присущи те же самые достоинства и недостатки, как и любой другой операции; помимо этого, он не устраняет причину развития заболевания, так как в результате операции нагрузка переносится по оттоку венозной крови с поверхностных вен на глубокие.

Оперативное вмешательство имеет свои плюсы и минусы, поэтому вопрос о целесообразности его применения решает только врач.

Электромагнитная терапия

Одним из распространенных методов профилактики и лечения варикозного расширения является электромагнитная терапия. Этот метод, в отличие от других, направленных на удаление пораженной вены, влияет на центральные механизмы развития заболевания, при этом действие его направлено на регуляцию этих механизмов, а не на ликвидацию только внешних признаков. Эффект применения электромагнитной терапии, конечно, не будет таким быстрым, однако гарантия того, что вена не появится снова, будет более высокой.

Режим лечения варикозного расширения вен может быть запрограммирован в любой прибор электромагнитной терапии. Сравнительно недавно автор данной методики и создатель электромагнитного прибора С. П. Коноплев разработал курс лечения, состоящий из последовательного применения совершенно определенных программ, повышающих эффективность лечения, поэтому для лечения патологии рекомендуется применение специального прибора с определенным алгоритмом.

Использование средств народной медицины

При лечении данного заболевания профессор А. С. Залманов рекомендовал следующие процедуры для устранения застоя крови в венах:
— содовые ванны с квасцами;
— холодные согревающие компрессы для ног;
— гирудотерапию;
— отвары и настойки из лекарственных трав для активизации деятельности желудочно-кишечного тракта.

Во время проведения лечебных процедур также рекомендована специальная фруктово-овощная диета, разработанная известным швейцарским врачом М. Бирхер-Беннером.

Для того чтобы приготовить содовые ванны с квасцами, берут 200 г соды, смешивают с 70 г квасцов, растворяют в воде температурой около 38° С. Такие ванны рекомендуется принимать 2 раза в неделю по 15 минут.

В другие дни перед сном следует делать холодный компресс из смоченной в уксусном растворе (2 столовые ложки 9%-ного уксуса на 7 столовых ложек воды) марли и тонкого слоя ваты, оставить его на 30 минут, после чего перевязать ноги эластичным бинтом или другой нетугой повязкой. При болях в икроножной мышце, свидетельствующих о тромбофлебите глубоких вен голени, рекомендуется использовать следующие процедуры:

— горячее обертывание ноги от колена до стопы на 20 минут перед ночным сном;

— холодные компрессы той же части ноги на всю ночь. Эту процедуру следует делать ежедневно до исчезновения болей (обычно на это уходит не более 10 дней).

Некоторые врачи рекомендуют использовать холодные согревающие компрессы для ног, способствующие рефлекторному расширению сосудов и улучшению кровообращения в них. Кроме того, данная процедура помогает развитию дополнительных кровеносных сосудов.

Для холодных согревающих компрессов потребуется 2 пары хлопчатобумажных чулок (одну из них нужно намочить в холодной воде и отжать) и 1 пара шерстяных.

Мокрые чулки следует надеть на ноги, завернув чулок от колена на голень. Поверх мокрых чулок надеть сухие хлопчатобумажные, а затем — шерстяные, также завернув их от колен на голень.

При снижении болевых ощущений холодные согревающие компрессы можно сменить горячими: обернуть всю ногу, кроме стопы, сухим вафельным полотенцем, поверх него — смоченным в воде температурой около 70° С махровым, затем снова сухим махровым полотенцем и дополнительно укутать шерстяным платком. После этого рекомендуется лечь в постель на 30 минут и укрыться одеялом.

В старину врачеватели рекомендовали накладывать горячую грелку на область печени на 40 минут 4 раза в день после еды, когда печень и селезенка увеличены в объеме. Считалось, что эти меры помогают увеличить объем циркулирующей крови и что при регулярном применении данной методики можно избежать многих серьезных заболеваний.

Если варикозное расширение вен не запущено, можно рекомендовать следующие средства.

1. 1 столовую ложку измельченных листьев или коры лесного ореха заварить 1 стаканом кипятка, настаивать в течение 6 часов. Пить по $^3/_4$ стакана 4 раза в день за 30 минут до еды.

2. Компресс из молочной сыворотки: смочить в сыворотке ткань, обернуть ею участки с расширенными венами и при-крыть бумагой для компресса. Оставить компресс на всю ночь, утром остатки сыворотки смыть холодной водой. Вместо сыворотки можно использовать измельченный конский каштан.

3. Тщательно измельчить свежие листья полыни серебристой, добавить к 1 столовой ложке сырья 1 столовую ложку кефира или сметаны, нанести смесь на ткань ровным слоем и приложить ее к участкам с расширенными венами.

4. 1 столовую ложку измельченных листьев и коры лесного ореха залить 1 стаканом кипятка. Принимать по $^1/_3$ стакана 4 раза в день.

5. 50 г цветков каштана залить 1 стаканом водки. Настаивать 2 недели, периодически взбалтывая. Принимать по 30—40 капель 4 раза в день. Курс лечения составляет 4 недели.

Вместо настойки можно принимать свежий сок из цветков каштана (по 25 капель 2—3 раза в день). Горячий настой и экстракт цветков и листьев конского каштана является одним из эффективных средств при лечении варикозного расширения вен.

6. Перед сном полезно делать теплые ножные ванны с настоем или отваром сушицы топяной: на 100 г сухого сырья — 5 л кипятка.

Препараты из конского каштана понижают свертываемость крови, укрепляют стенки капилляров и вен, предупреждают образование и способствуют рассасыванию тромбов в кровеносных сосудах.

7. 1 столовую ложку свежих листьев каланхоэ залить $^1/_2$ стакана водки, настаивать 15 дней в темном месте. Этой настойкой рекомендуется натирать ноги.

8. 50 г травы тысячелистника, 200 г цветков бессмертника, 100 г листьев брусники, 100 г коры крушины, 100 г березовых листьев измельчить, смешать, 1 столовую ложку данной смеси залить 300 г кипятка. Кипятить 5 минут. Настаивать в теплом месте в течение 4 часов.

Принимают в теплом виде по $^1/_2$ стакана 3 раза в день за 15—20 минут до еды.

9. 1 столовую ложку свежесорванного мужского папоротника смешать с 1 столовой ложкой кислого молока. Эту смесь рекомендуется использовать для компрессов.

10. Для лечения расширенных вен также можно использовать томаты. Главное условие — они должны быть созревшими. Помидор разрезать на тонкие кружочки и приложить их к пораженным венам, оставить так на 3—4 часа, после чего заменить свежими.

11. 2 столовые ложки высушенных и измельченных шишек хмеля (зеленовато-желтого цвета) залить 1 стаканом кипятка, поставить на огонь и варить 10—15 минут, после чего процедить. Пить в 2—3 приема в течение дня, преимущественно вечером, так как при лечении шишками хмеля проявляется его успокаивающее и седативное действие.

12. 1 столовую ложку раздробленных плодов каштана варить в 1 стакане кипятка в течение 15 минут, остудить. Поскольку получившийся настой очень горький, к нему можно добавить любой ягодный сироп. Принимать по $1/2$ стакана 4 раза в день. Курс лечения составляет 3 месяца.

13. Эффективное противосклеротическое средство — корень одуванчика. Готовить его можно в домашних условиях. Выкапывать его рекомендутся осенью или весной.

Предварительно вымытый корень высушить, пропустить через мясорубку, добавлять в различные блюда. Ежедневная доза должна составлять 1 столовую ложку в день.

Весной корень одуванчика можно есть в сыром виде: нарезать его небольшими кусочками, добавлять в салаты и винегреты.

14. Хорошее средство при лечении варикозного расширения вен — листья мать-и-мачехи. Берут ткань, накладывают на нее листья разной стороной: один — верхней, другой — нижней. Как только вся ткань будет накрыта листьями, ее следует аккуратно приложить к пораженному участку, сверху повязку нетуго забинтовать

эластичным бинтом и оставить на сутки. На следующий вечер повязку следует сменить, уложить свежие листья другой стороной. Лечение продолжается 10 дней.

Вместо листьев мать-и-мачехи при отсутствии тромбозов можно использовать капустные, главное условие — они должны быть зелеными.

В рацион следует включа по возможности больше ягод и фруктов красного и оранжево-желтого цветов, например землянику, боярышник, рябину, калину, пижму, облепиху, хурму, поскольку они обладают выраженным противосклеротическим действием.

15. Эффективное средство — компресс из картофеля. Известно, что позеленевшие клубни — признак содержащегося в них картофельного яда. В пищу такой картофель употреблять нельзя, но для компрессов он подойдет, поскольку этот яд обладает свойством снимать болевые ощущения.

Картофель следует тщательно вымыть, пропустить через мясорубку или натереть на терке вместе с кожурой. Полученную массу положить в емкость и нагревать на водяной бане до температуры 38° С. Затем разместить на куске ткани, которую аккуратно наложить на больное место, сверху накрыть полиэтиленовой пленкой. Компресс оставить на всю ночь. Если он сделан правильно, боль отступит через 20—30 минут. Такие припарки рекомендуется делать ежедневно в течение недели.

Профилактика варикозного расширения вен

На ранней стадии заболевания соблюдение достаточно простых правил позволит замедлить, а в некоторых случаях и избежать его дальнейшего развития. Прежде всего не рекомендуется чрезмерно увлекаться горячими ваннами, сауной, а также длительным пребыванием на солнце. Все эти факторы способствуют снижению венозного тонуса, ведут к застою крови в ногах.

Следует разумно подходить к выбору одежды. Так, например, не следует носить обтягивающее белье, чулки и носки с тугими резинками.

Огромную роль в профилактике варикозного расширения вен играют занятия спортом. Существуют виды спорта, полезные при этом заболевании: плавание, ходьба, езда на велосипеде и лыжах.

Следует избегать таких видов спорта, как бодибилдинг, тяжелая атлетика, а также теннис.

По возможности следует установить достаточно жесткую диету, постаравшись как можно быстрее сбросить лишние килограммы. Известно, что избыточная масса тела и занятия спортом, связанные с большой статической нагрузкой на ноги, увеличивают венозное давление.

Любительницам высоких каблуков придется от них отказаться. Обувь должна быть на каблуке не более 4 см.

Необходимо обратить внимание на то, как вы сидите. Нельзя класть ногу на ногу, так как при этом создается препятствие на пути кровотока.

При ощущении тяжести в ногах вечером во время работы следует как можно чаще держать ноги в приподнятом положении. Ночью под голени рекомендуется подкладывать валик. Если работа связана с продолжительным сидением, следует чаще менять положение ног, вращать стопы. После душа или принятия ванны ноги нужно ополоснуть холодной водой.

Основные меры, используемые в качестве профилактики лечения данного заболевания:

— обертывание ног эластичным бинтом;

— ношение специального компрессионного трикотажа;

— применение флеботоников во время беременности и после родов.

Если вскоре после родов женщина принимает решение предохраняться с помощью гормональных контрацептивов, следует учитывать то, что данные препараты также снижают тонус вен.

Диета при варикозном расширении вен

Диета швейцарского врача М. Бирхер-Беннера состоит в следующем.

Первые 4 дня можно есть все плоды и овощи как сырыми, так и вареными (в несоленой воде), орехи, пить компоты, кофе, чай, употреблять продукты с добавлением уксуса, лимона, растительного масла. Продукты, которых следует избегать: мясо, рыба, колбаса, яйца, хлеб, сухари, изделия из сдобного теста, картофель, мясные супы и бульоны, творог, сливочное масло, шоколад, алкоголь. Строгую диету следует соблюдать только первые 4 дня.

5-й день: можно употреблять любые вышеперечисленные продукты, а также съесть 1 сухарь.

6-й день: примерно 300 г сваренного в воде без соли картофеля, можно в виде пюре с небольшим количеством молока.

7—8-й день: 2 сухаря и 0,5 л молока.

9-й день: 1 яйцо.

10—13-й день: кроме рекомендуемых продуктов, можно съесть 100 г творога.

14-й день: рисовая или манная каша, сваренная в 0,75 л молока.

С 15-го дня можно включить в рацион отварную нежирной говядины, но не более чем 100 г 2 раза в неделю. Начиная с 25-го дня рацион может быть прежним, однако 2 раза в неделю, например в среду и пятницу, рекомендуется повторять режим первых 4 дней.

Рецепты блюд для швейцарской диеты

Диетолог М. Бирхер-Беннер рекомендовал определенные блюда. Готовить их очень быстро и просто.

Овсяные хлопья с яблоками и грецкими орехами

Ингредиенты

2 столовые ложки измечельнного на терке яблока, 2 столовые ложки овсяных хлопьев,

50 г измельченных грецких орехов, сок $\frac{1}{2}$ лимона, 2 столовые ложки нежирной сметаны, сахар по вкусу.

Способ приготовления

Овсяные хлопья замочить в кипяченой воде на 2 часа, после чего откинуть на дуршлаг, дать стечь жидкости, добавить тертое яблоко, грецкие орехи, лимонный сок и сахар по вкусу. Все перемешать и заправить сметаной.

Овсяные хлопья с черносливом

Ингредиенты

200 г чернослива, 2 столовые ложки овсяных хлопьев, сок $\frac{1}{2}$ лимона, 2 столовые ложки нежирной сметаны, сахар по вкусу.

Способ приготовления

Предварительно размоченный в кипятке чернослив пропустить через мясорубку. Овсяные хлопья измельчить, добавить сок половины лимона и чернослив. Заправить сметаной, добавить сахар.

Десерт из черной смородины

Ингредиенты

2 столовые ложки манной крупы, 4 столовые ложки холодной кипяченой воды, 1 столовая ложка меда, 150 г черной смородины, 1 столовая ложка измельченных грецких орехов.

Способ приготовления

Манную крупу залить водой, оставить на 4 часа. Затем в эту массу добавить мед и пюре из смородины, перемешать. Сверху посыпать грецкими орехами.

Яблочно-морковное блюдо

Ингредиенты

2 тертых яблока, 2 столовые ложки манной крупы, 2 столовые ложки тертой моркови, 2 столовые ложки измельченных грецких орехов, 1 столовая ложка сметаны, сахар по вкусу.

Способ приготовления

Все ингредиенты смешать, заправить сметаной, добавить сахар по вкусу.

Вишневый мусс

Ингредиенты

200 г свежих вишен, 1 столовая ложка меда, 100 г измельченных грецких орехов.

Способ приготовления

Вынуть косточки из ягод, мякоть протереть через сито, смешать с медом и орехами.

Десерт из сгущенного молока с яблоками

Ингредиенты

2 столовые ложки тертых яблок, 1 столовая ложка манной крупы, 3 столовые ложки холодной кипяченой воды, 2 столовые ложки измельченных грецких орехов, 2 столовые ложки сгущенного молока.

Способ приготовления

Манную крупу размочить в воде, добавить остальные ингредиенты, заправить сгущенным молоком.

Десерт из ягод

Ингредиенты

300 г ягод (клубника, малина, земляника), 1 столовая ложка сгущенного молока.

Способ приготовления

Ягоды размять до однородной массы, заправить сгущенным молоком.

ГЛАВА 5

Гимнастические упражнения для профилактики варикозного расширения вен

Для профилактики данного заболевания рекомендуется комплекс несложных гимнастических упражнений, которые способствуют оттоку крови. Их можно выполнять без специального оборудования и не затрачивая особых физических усилий. Главное условие — регулярность.

Сидя на стуле

1. Сидя прямо на стуле, ноги слегка вытянуть вперед и, не отрывая пяток от пола, совершать круговые движения стопами обеих ног одновременно по 10 раз по часовой и против часовой стрелки (рис. 53).

2. Исходное положение то же, что и в упражнении 1. Вытянуть вперед правую ногу, опереться на пятку и совершать круговые движения стопой по 10 раз по часовой и против часовой стрелки. Повторить то же самое левой ногой.

3. Сидя прямо на стуле, ноги слегка вытянуть вперед. Приподнять носки, не отрывая пяток от пола, затем опустить, плотно прижимая по-

Рис. 53. Упражнение 1

дошвы ног к полу (рис. 54). Повторить 7—10 раз.

4. Исходное положение то же, что и в предыдущем упражнении. Поставить правую ногу на носок, а левую на пятку. При этом пятка левой ноги должна быть прижата к носку правой. Затем поменять положение ног: поставить правую ногу на пятку, а левую на носок (рис. 55). Повторить 7—10 раз.

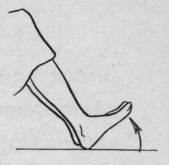

Рис. 54. Упражнение 3

5. Сидя прямо на стуле. Поставить ноги вместе так, чтобы они располагались под углом 90° к полу. Опираясь на носки, оторвать пятки от пола, подняв их на максимальную высоту. Затем опустить пятки и прижать стопы к полу (рис. 56). Повторить 7—10 раз.

Рис. 55. Упражнение 4

6. Исходное положение то же, что и в предыдущем упражнении. Опираясь на носки, поднимать попеременно пятки левой и правой ноги. Повторить 7—10 раз.

7. Сесть на стул, ноги поставить вместе. Поднять правую ногу, обхватив колено руками, и притянуть ее как можно ближе к груди. Вернуться в исходное положение. Проделать то же для левой ноги. Повторить по 10 раз для каждой ноги попеременно.

Рис. 56. Упражнение 5

8. Исходное положение то же, что и в предыдущем упражнении. Выпрямить правую ногу и одновременно вытянуть вперед левую руку, медленно вернуться в исходное положение. Затем выпрямить левую ногу и поднять правую руку, вернуться в исходное положение. Повторить 10 раз.

Стоя

9. Встать прямо, ноги поставить вместе, руки опустить вдоль туловища. На вдохе встать на носки, на выдохе опуститься на всю стопу (рис. 57). Повторить 10—15 раз.

Существуют несложные гимнастические упражнения для профилактики варикозного расширения вен, которые можно выполнять в любое удобное время: на работе, сидя перед телевизором, в перерывах между домашними делами.

Рис.57. Упражнение 9

10. Встать прямо, ноги поставить вместе, руки опустить вдоль туловища. На вдохе отвести плечи назад, на выдохе вернуться в исходное положение, расслабить плечи и наклонить голову вперед. Повторить 7—10 раз.

11. Встать прямо, ноги поставить на ширину плеч, руки опустить вдоль туловища. На вдохе вытянуть руки вверх и приподняться на носки. На выдохе опуститься на всю стопу и слегка присесть, согнув ноги в коленях (рис. 58). Повторить 10—12 раз.

12. Исходное положение то же, что и в предыдущем упражнении. На вдохе приподняться на носки, на выдохе опуститься на всю стопу. Затем на вдохе приподнять носки, опираясь на пятки, на выдохе опуститься на всю стопу. Повторить 10—15 раз.

13. Встать прямо, ноги поставить вместе, руки опустить вдоль туловища. Попеременно поднимать то левую, то правую пятку, имитируя ходьбу на месте. Пальцы ног при выполнении данного упражнения не должны отрываться от пола. Выполнять в течение 3 минут.

Рис. 58. Упражнение 11

14. Встать у стены, опираясь о нее прямыми руками на высоте плеч. На вдохе подняться на носки, остаться в таком положении на несколько секунд. На выдохе опуститься на всю стопу (рис. 59). Повторить 7—10 раз.

15. Исходное положение то же, что и в предыдущем упражнении. На вдохе отвести левую ногу назад, задержаться в этом положении на несколько секунд, затем на выдохе медленно вернуться в исходное положение. Проделать упражнение для правой ноги. Повторить 10 раз для каждой ноги.

Рис. 59. Упражнение 14

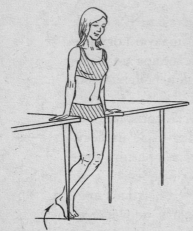

Рис. 60. Упражнение 16

16. Встать между двумя опорами (например, стульями или ящиками), ноги вместе. Опираясь на прямые руки, приподняться на носки, затем опуститься на всю стопу, слегка сгибая ноги в коленях (рис. 60). Повторить 7—10 раз.

17. Исходное положение то же, что и в предыдущем упражнении. Опираясь на прямые руки, попеременно поднимать то левую, то правую пятку, перенося вес тела на носки. Повторить 10—15 раз.

18. Встать правым боком к спинке стула, опереться на нее правой рукой. На вдохе отвести левую ногу в сторону, на выдохе — медленно опустить. Повторить 10 раз, затем сделать это упражнение для правой ноги.

Все упражнения следует выполнять размеренно, сохраняя ровное дыхание. Если какие-либо движения даются с трудом, нагрузку рекомендуется увеличивать постепенно.

19. Встать лицом к спинке стула, опереться на нее обеими руками. Попеременно отводить назад левую и правую ногу. Повторить 10 раз для каждой ноги.

20. Исходное положение то же, что и в предыдущем упражнении. На вдохе поднять ногу, сгибая ее в коленном суставе, на выдохе — медленно опустить. Выполнять 7—10 раз для каждой ноги поочередно.

21. Встать прямо, руки к плечам. На вдохе поднять руки вверх и отвести правую ногу назад, на выдохе вернуться в исходное положение. Выполнять упражнение попеременно для обеих ног в медленном темпе.

22. Встать прямо, ногу слегка согнуть в колене и приподнять, чтобы стопа была на весу. Оттянуть носок на себя, затем выпрямить стопу. Повторить 10 раз для каждой ноги.

23. Исходное положение то же, что и в предыдущем упражнении. Совершать поочередно обеими стопами круговые движения по часовой и против часовой стрелки.

24. Поставить ноги на ширину плеч, ладонями обхватить колени. Совершать круговые движения коленями внутрь и наружу. Спина при этом должна быть прямой.

Лежа на спине

25. Лечь на спину, руки расположить вдоль туловища. Приподнять согнутые в коленях ноги и поочередно выпрямлять и сгибать их, имитируя езду на велосипеде (рис. 61).

Рис. 61. Упражнение 25

26. Исходное положение то же, что и в предыдущем упражнении. Поднять прямые ноги вверх так, чтобы они образовывали с туловищем угол 90°. Совершать обеими стопами одновременно круговые движения сначала наружу, затем внутрь (рис. 62). Повторить 10—15 раз.

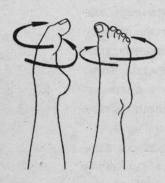

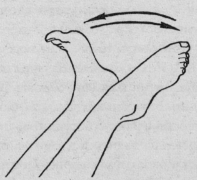

Рис. 62. Упражнение 26

Рис. 63. Упражнение 27

27. Лечь на спину, руки вытянуть вдоль туловища, ноги выпрямить. Носок левой ноги потянуть на себя, затем вернуться в исходное положение. Выполнить те же движения для правой ноги (рис. 63). Делать упражнение поочередно обеими ногами 10—15 раз.

28. Исходное положение то же, что и в предыдущем упражнении.

Поочередно сгибать и разгибать пальцы на левой и правой ноге (рис. 64). Повторить 10—15 раз.

29. Лечь на спину, руки расположить вдоль ту-

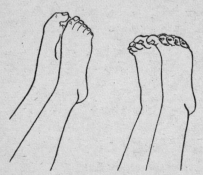

Рис. 64. Упражнение 28

ловища. Слегка приподнять ноги и скрещивать их попеременно, имитируя ножницы. Повторить 10—15 раз.

30. Исходное положение то же, что и в предыдущем упражнении. Ноги прямые. Сделать глубокий вдох и, медленно выдыхая, согнуть левую ногу в колене. Затем на вдохе медленно выпрямить ногу вертикально вверх и на выдохе опустить. Выполнить указанные движения правой ногой. Повторить 10 раз для каждой ноги.

31. Лечь на спину, согнуть ноги в коленях, руки положить на бедра. На вдохе приподнять голову и плечи, руки при этом должны двигаться по направлению к коленям. На выдохе вернуться в исходное положение (рис. 65). Повторить 7—10 раз.

Рис. 65. Упражнение 31

32. Лечь на спину, руки расположить вдоль туловища. Между стопами зажать небольшой мяч и на вдохе поднять прямые ноги на 20—25 см от

пола. На выдохе опустить ноги (рис. 66). Повторить упражнение 10 раз.

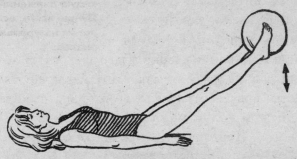

Рис. 66. Упражнение 32

33. Лечь на спину, ноги приподнять под углом 15—20°. Согнуть левую ногу и подтянуть колено к груди, обхватив стопу обеими руками. Затем медленно выпрямить ногу вверх, при этом руки должны двигаться вдоль ноги от щиколотки до колена. После этого опустить ногу, при этом руки должны двигаться по бедру. Выполнить действия в такой же последовательности для правой ноги (рис. 67). Повторить упражнение по 5—7 раз для каждой ноги.

Рис. 67. Упражнение 33

34. Лечь на спину, согнуть ноги в коленях, руки расположить вдоль туловища. Медленно вдохнуть и втянуть живот. На выдохе надуть живот (рис. 68). Повторить 7—10 раз.

Для занятий гимнастикой рекомендуется выбрать свободную, не сковывающую движений одежду. Лучше всего, если она будет из натуральных материалов.

Рис. 68. Упражнение 34

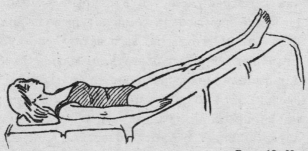

Рис. 69. Упражнение 35

35. Лечь на спину, руки расположить вдоль туловища. Ноги положить на подушку так, чтобы они были приподняты на 20—25 см. Закрыть глаза и лежать 3—5 минут, делая медленные равномерные вдохи и выдохи (рис. 69). Это несложное упражнение способствует разгрузке вен ног.

Аквааэробика

Поскольку при варикозном расширении вен не рекомендуются сильные физические нагрузки, многие упражнения лучше всего выполнять после консультации с врачом, так как они могут быть противопоказаны людям с ослабленными венами. Исключением является аквааэробика, или водная гимнастика, поскольку вода снижает опасность возникновения различного рода травм при выполнении упражнений. Аквааэробика полезна для людей любого возраста, оказывает благоприятное воздействие на состояние вен и общее самочувствие.

Занятия аквааэробикой можно проводить как в бассейне, так и в открытых водоемах (в теплое время года). Температура воды должна быть такой, чтобы не вызывать дискомфорта. Если человек умеет плавать, идеальная глубина для выполнения упражнений — от 1,5 до 2 м (в зависимости от роста и конкретного упражнения). В противном случае гимнастику можно делать, опираясь о бортик бассейна или на руки партнера.

У бортика бассейна

1. Встать прямо, опереться руками о бортик бассейна. Поочередно отводить ноги в стороны. Выполнить по 5—10 раз каждой ногой.

2. Исходное положение то же, что и в предыдущем упражнении. Медленно отвести назад прямую ногу, затем вернуться в исходное положение. Повторить 5—10 раз для каждой ноги.

3. Встать спиной к бортику бассейна и взяться за него руками. Прижимая спину к бортику, поднять обе прямые ноги параллельно дну и развести в стороны, затем медленно свести. Повторить 7—10 раз.

4. Лечь на воду на спину, держась руками за бортик бассейна. Поочередно поднимать прямые ноги вверх. Повторить 5—10 раз для каждой ноги.

5. Исходное положение то же, что и в предыдущем упражнении. Медленно разводить и сводить прямые ноги, стараясь держать их параллельно воде. Повторить 5—10 раз.

6. Исходное положение то же, что и в предыдущем упражнении. На вдохе медленно поднять обе ноги вверх, на выдохе — опустить. Повторить 5—10 раз.

7. Лечь на воду на живот, держась руками за бортик. На вдохе подтянуть ногу к животу, согнув в коленном суставе. На выдохе вернуться в исходное положение. Повторить 5—10 раз для каждой ноги.

8. Исходное положение то же, что и в предыдущем упражнении. Поочередно отводить

Выполняя физические упражнения, следует контролировать самочувствие. Нагрузки не должны быть чрезмерными, так как это может нанести вред организму.

прямые ноги в стороны. Повторить 5—10 раз для каждой ноги.

9. Исходное положение то же. Выполнять ногами перекрестные движения. Туловище при этом стараться держать параллельно воде.

Стоя в воде

10. Войти в воду по шею, встать прямо, слегка согнуть руки в локтях. Выполнять бег на месте в течение 3 минут.

11. Стоя в воде по шею, поставить ноги на ширину плеч, кисти рук положить на талию. Медленно поворачивать корпус поочередно влево и вправо. Выполнить 10 раз в каждую сторону.

12. Стоя в воде по шею, ноги вместе, руки вытянуть перед собой. Поочередно поднимать прямые ноги, стараясь дотянуться носками до пальцев рук. Повторить 10 раз для каждой ноги.

При выполнении упражнений в воде приходится преодолевать сопротивление воды, что оказывает дополнительный положительный эффект на организм: стимулирует кровообращение, тонизирует мышцы.

13. Стоя в воде по плечи, ноги слегка расставить. Прыгать на месте, стараясь в прыжке разводить ноги широко в стороны. Повторить 5—10 раз.

14. Стоя в воде, взяться обеими руками за лесенку в бассейне. Поставить обе ноги на ступеньку так, чтобы колени касались подбородка. Медленно разогнуть колени и выпрямиться, затем вернуться в исходное положение. Повторить 5—10 раз.

ГЛАВА 7

Массаж при варикозном расширении вен

В период беременности, особенно в последний ее триместр, вес женщины увеличивается примерно на 15%, она испытывает большие нагрузки на ноги, в результате чего нередко образуется варикозное расширение вен.

Специальные приемы массажа, направленные на нормализацию кровообращения ног и оттока лимфы, оказывают положительный эффект при варикозном расширении вен.

Приемы массажа при варикозном расширении вен

Массаж нижних конечностей при варикозном расширении вен выполняют в положении массируемого лежа. При этом пациент сначала лежит на животе, а затем на спине.

В первом случае массируют заднюю поверхность ноги. Процедуру начинают с массирования мышц ягодиц и задней поверхности бедра. При этом массаж рекомендуется начинать с плоскостного поглаживания на задней поверхности бедра. Прием осуществляют ладонью по направ-

Рис. 70. Плоскостное поглаживание на задней поверхности бедра

Рис. 71. Обхватывающее поглаживание на задней поверхности бедра

лению снизу вверх (рис. 70). Серию приемов завершают обхватывающим поглаживанием на задней поверхности бедра. Массирование выполняют одной рукой (рис. 71).

На проведение каждого приема затрачивают примерно 30—40 секунд.

Естественным продолжением предыдущих приемов является плоскостное поглаживание икроножных мышц, после чего проводят обхватывающее массирование этой области. Проведение данного способа массажа занимает примерно 40—60 секунд.

Выжимающие приемы на икроножных мышцах осуществляют ребром ладони. При этом кисть массажиста должна быть слегка согнута и двигаться по направлению от голеностопного сустава к подколенной впадине (рис. 72, 73).

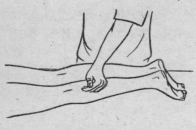

Рис. 72. Выжимание на икроножных мышцах ребром ладони

Прием рекомендуется осуществлять с усилием.

Данный способ массирования при варикозном расширении вен способствует уменьшению отеков, а также стимулирует кровообращение и отток лимфы.

После этого проводят выжимание кулаком. Направление движения руки — снизу вверх, поперек мышечных волокон (рис. 74).

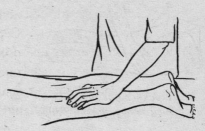

Рис. 73. Выжимание на икроножных мышцах основанием ладони

Завершающим приемом на этом этапе является клювообразное выжимание на икроножных мышцах, после которого выполняют поглаживание на данной области, одновременно массируя заднюю поверхность бедра.

Рис. 74. Выжимание на икроножных мышцах кулаком

Приступая к серии следующих приемов массажа, выполняют плоскостное растирание икроножных мышц (рис. 75). Данный способ массирования повторяют примерно 5 раз. Выполняя гребнеобразное растирание икроножной мышцы, следует учитывать, что руки

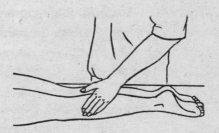

Рис. 75. Плоскостное растирание икроножных мышц

массажиста при массировании должны располагаться поперек мышечных волокон. Направление движения рук — от голеностопного сустава до подколенной впадины.

При выполнении растирания-пиления руки массажиста должны быть расположены поперек мышечных волокон. Необходимо, чтобы ладони были направлены друг к другу и двигались по мышце снизу вверх.

После выполнения данного приема рекомендуется провести поглаживание икроножных мышцах, одновременно поглаживая на задней поверхность бедра. Следующим в ряде разминающих приемов является одноручное разминание икроножных мышц.

Выполнение двуручно-кольцевого разминания икроножной мышцы должно осуществляться с усилием, зависящим от общего состояния здоровья пациента.

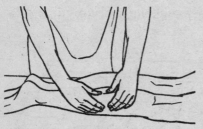

Рис. 76. Захват двумя руками икроножной мышцы

При выполнении следующего приема массирования икроножную мышцу захватывают двумя руками и сдвигают ее к наружной стороне ноги (рис. 76). Движение рук по мышце осуществляют с шагом в 2—3 см. Процедуру выполняют в 2—3 приема.

После этого приступают к попеременному разминанию икроножной мышцы. Процедуру проводят большими пальцами, которые накладывают на массируемый участок. Остальными пальцами обхватывают ногу, чтобы создать дополнительный упор.

Направление движения руки — зигзагообразное снизу вверх (рис. 77).

Проводя кругообразное разминание фалангами пальцев, руки следует расположить поперек мышечных волокон и продвигать их вдоль по спирали (рис. 78).

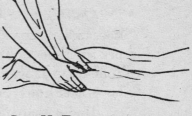

Рис. 77. Попеременное размина-ние икроножных мышц большими пальцами

Процедуру рекомендуется повторить 3—4 раза.

При варикозном расширении вен спиралевидные приемы разминания рекомендуется осуществлять ограниченными по силе воздействия и времени.

Процедуру проводят подушечками 4 пальцев (рис. 79).

Разминание икроножных мышц проводят основанием ладони. Рука массажиста должна продвигаться по массируемой области вдоль мышечных волокон по направлению снизу вверх.

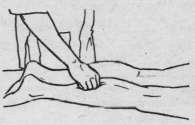

Рис. 78. Кругообразное размина-ние икроножных мышц фаланга-ми пальцев

Прием валяния на икроножных мышцах осуществляют двумя руками. Интенсивность движений при массировании выбирают индивидуально, учитывая общее состояние здоровья пациента (рис. 80).

Последним приемом массажа икроножных мышц является глубокое расслабля-

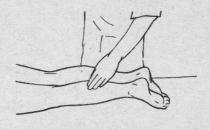

Рис. 79. Спиралевидное размина-ние икроножных мышц подушеч-ками 4 пальцев

ющее поглаживание, при котором одновременно массируют заднюю поверхность бедра.

После этого приступают к выполнению ряда приемов массажа стопы.

Первым является плоскостное поглаживание на стопе, при котором одной рукой массажист должен поддерживать ногу пациента, другой — совершать массирующие действия (рис. 81).

Рис. 80. Валяние на икроножных мышцах

Следующим этапом является поочередное поглаживание пальцев ног. Процедуру на каждом пальце рекомендуется повторить 5—6 раз.

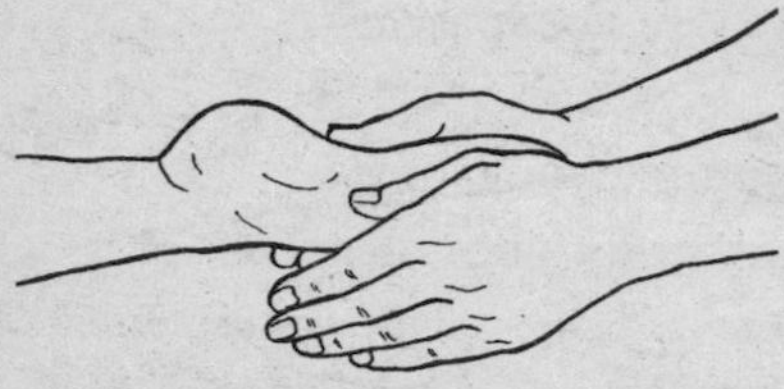

Прием растирания пальцев ног массажист осуществляет большим, указательным и средним пальцами. Направление движения руки — от кончиков пальцев ног пациента до их основания. Процедуру на каждом пальце рекомендуется повторить по 3—4 раза (рис. 82).

Рис. 81. Плоскостное поглаживание на стопе

Затем приступают к гребнеобразному поглаживанию на стопе. При осуществлении приема массажист плотно прижимает руку к стопе пациента. Направление движения руки при массирова-

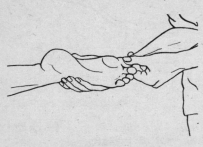

Рис. 82. Растирание пальцев ног

нии — от основания пальцев до пятки (рис. 83). По наружному краю стопы проводят щипцеобразное поглаживание (рис. 84).

Рис. 83. Гребнеобразное поглаживание стопы

Направление движения руки массажиста — от основания пальцев до пятки. Процедуру рекомендуется повторить примерно 5–6 раз.

Прием гребнеобразного растирания стопы рекомендуется повторить 8–10 раз.

Рис. 84. Щипцеобразное поглаживание края стопы

При этом руки массажиста должны быть расположены перпендикулярно к мышечным волокнам. Направление движения рук — возвратно-поступательное (рис. 85).

Прием плоскостного растирания стопы осуществляется аналогично предыдущему способу массирования. Направление движения пальцев — возвратно-поступательное.

Последним в ряде приемов массирования стопы является разминание. При варикозном расширении вен стопу растирают большими пальцами.

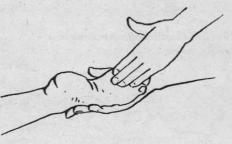

Рис. 85. Гребнеобразное растирание стопы

Направление движения руки — попеременное зигзагообразное или спиралевидное (рис. 86).

После этого выполняют успокаивающее поглаживание на стопе.

При разминании внешнего края стопы пальцы рук массажиста должны продвигаться по направлению от основания мизинца до пятки (рис. 87). После этого большим пальцем выполняют надавливание по всей плоскости стопы (рис. 88).

Рис. 86. Попеременное разминание стопы большими пальцами

Такой прием массирования способствует повышению эластичности тканей и стимулирует кровообращение и обменные процессы.

Проведение щипцеобразного разминания внутреннего края стопы осуществляют с меньшим усилием, чем массирование внешнего ее края (рис. 89).

Рис. 87. Щипцеобразное разминание по внешнему краю стопы

Это обусловлено тем, что кожа на данном участке более нежная. Нередко при интенсивном воздействии на эту область у пациента возникают болевые ощущения. Завер-

Рис. 88. Надавливание большим пальцем по всей плоскости стопы

шающим этапом является глубокое успокаивающее поглаживание стопы. При этом рекомендуется одновременно поглаживать на всей задней поверхности ноги.

Рис. 89. Щипцеобразное разминание по внутреннему краю стопы

Прежде чем приступить к проведению приемов массажа на передней поверхности ноги, пациенту нужно лечь на спину.

Для достижения максимального расслабления мышц под колени рекомендуется положить валик или подушку.

На первом этапе проводят плоскостное поглаживание на передней поверхности бедра. Направление движения руки массажиста от коленного до тазобедренного сустава (рис. 90).

После этого проводят обхватывающее поглаживание на передней поверхности бедра.

Направление движения руки массажиста — от коленного до тазобедренного сустава (рис. 91). Затем приступают к выполнению ряда приемов выжимания на передней поверхности бедра. Процедуру производят кулаком. Рука

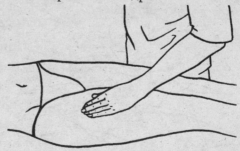

Рис. 90. Плоскостное поглаживание на передней поверхности бедра

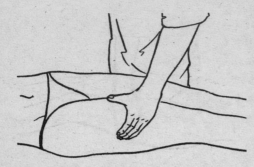

Рис. 91. Обхватывающее поглаживание мышц бедра

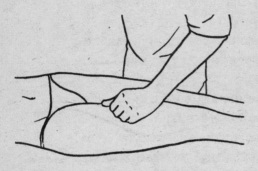

Рис. 92. Выжимание на мышцах бедра кулаком

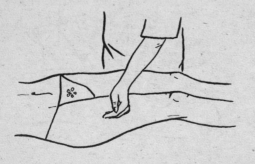

Рис. 93. Выжимание на мышцах бедра ребром ладони

массажиста должна располагаться перпендикулярно к мышечным волокнам. Направление движения руки — снизу вверх (рис. 92).

При выжимании мышцах бедра ребром ладони следует учитывать, что пальцы должны быть слегка согнуты в суставах. Направление движения руки — от коленного до тазобедренного сустава (рис. 93).

Для более тщательного массирования крупных мышц рекомендуется провести клювовидное выжимание. Направление движения руки массажиста — снизу вверх (рис. 94).

Следующий этап начинается с плоскостного растирания. При варикозном расширении вен этот прием необходимо выполнять осторожно, так как кожа после выжимающего способа массирования очень чувствительна и у пациента могут возникнуть болевые ощущения (рис. 95).

Растирание-пиление мышц бедра выполняется двумя руками, расположенными ладонными поверхностями друг к другу поперек мышечных волокон и движущимися вдоль них с одновременным совершением противоположно направленных возвратно-поступательных движений (рис. 96).

Следующий прием — ординарное разминание мышц бедра, направленное от коленного сустава к тазобедренному (рис. 97).

Для эффективного выполнения данного приема потребуется не менее 3–4 подходов. Затем массажист присту-

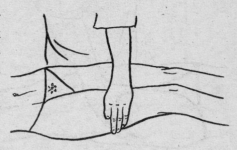

Рис. 94. Клювовидное выжимание на мышцах бедра

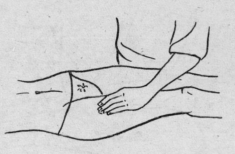

Рис. 95. Плоскостное растирание мышц бедра

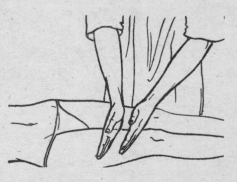

Рис. 96. Растирание-пиление мышц бедра

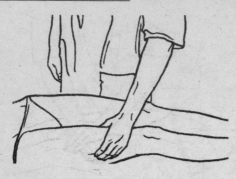

Рис. 97. Ординарное разминание мышц бедра

*Рис. 98. Двуручно-кольцевое размина-
ние мышц бедра*

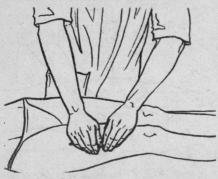

*Рис. 99. Сдвигание
мышц бедра*

пает к двуручно-кольце-
вому разминанию мышц
бедра (рис. 98).

Этот прием способст-
вует повышению элас-
тичности мышц, улучша-
ет их сократительную
функцию. После этого
массажист приступает
к сдвиганию мышц бед-
ра (рис.99). Данный при-
ем выполняется также
двумя руками, при этом
ладонные поверхности,
расположенные на мас-
сируемом участке, прод-
вигаются от середины
мышцы к сухожилиям.
Для эффективного вы-
полнения данного приема
требуется не менее 4 под-
ходов.

При наличии у паци-
ента значительных отло-
жений подкожного жи-
ра, при рыхлости мышц
бедра рекомендуется вы-
полнять разминание с отя-
гощением, или двойной
гриф (рис. 100).

Кругообразное раз-
минание ребром ладони

выполняют с применением небольших усилий для увеличения эффекта двух предыдущих приемов (рис. 101). При выполнении кругообразного разминания фалангами пальцев (рис. 102) наибольшее внимание рекомендуется уделять боковой поверхности бедра, поскольку именно в этой зоне в основном скапливаются жировые отложения.

Поэтому данный прием рекомендуется для женщин, ведущих малоподвижный образ жизни.

Следующий прием — разминание мышц бедра основанием ладони (рис. 103), при выполнении которого ладонь массажиста накладывается поперек мышцы и движется вдоль нее по спирали.

В этом случае разминанию подвергаются одновременно 2 мышцы.

Серия разминающих приемов заканчивается

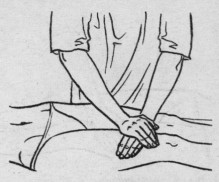

Рис. 100. Двойной гриф, или разминание мышц бедра с отягощением

Рис. 101. Кругообразное разминание мышц бедра ребром ладони

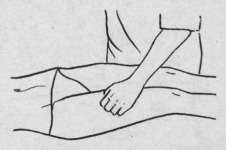

Рис. 102. Кругообразное разминание мышц бедра фалангами пальцев

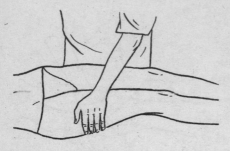

Рис. 103. Разминание мышц бедра основанием ладони

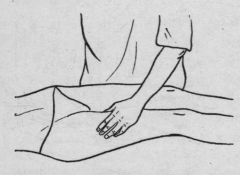

Рис. 104. Спиралевидное разминание мышц бедра большим пальцем

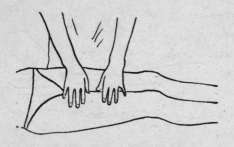

Рис. 105. Пальцевая вибрация на мышцах бедра

спиралевидным разминанием мышц бедра большим пальцем (рис. 104).

Заканчивается массирование пальцевой вибрацией, при которой пальцы обеих рук массажиста продвигаются одновременно вдоль и поперек мышечных волокон с ритмичным попеременным постукиванием (рис. 105).

После этого массажист приступает к выполнению серии выжимающих приемов, которые начинаются с выжимания ребром ладони. Этот прием выполняется полусогнутой кистью руки массажиста, движущейся снизу вверх поперек мышечных волокон (рис. 106). Следует помнить о том, что проход по передней стороне голени должен осуществляться с меньшей интенсивностью, чем по боковым, однако повторений на ней нужно сделать больше, поскольку боковые поверхности захватывались при массировании икроножных мышц.

Следующий прием — выжимание кулаком. При его проведении движения рук массажиста направлены прямолинейно от голеностопного сустава к коленному (рис. 107).

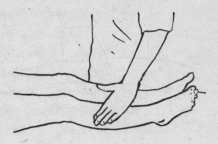

Рис. 106. Выжимание на мышцах голени ребром ладони

Заканчивается серия выжимающих приемов на мышцах голени выжиманием основанием ладони (рис. 108).

Следующий прием — попеременное разминание голени большими пальцами (рис. 109).

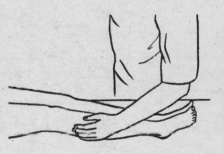

Рис. 107. Выжимание на мышцах голени кулаком

При выполнении данного приема обе руки обхватывают голень так, чтобы остальные пальцы находились на задней ее поверхности. Большие пальцы выполняют синхронные зигзагообразные движения по направлению от голеностопного сустава к коленному.

В заключение следует сделать успокаивающее поглаживание на голени и пе-

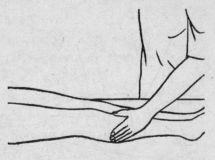

Рис. 108. Выжимание на мышцах голени основанием ладони

редней поверхности бедра. При выполнении данного приема обе руки обхватывают голень так, чтобы остальные пальцы находились на задней ее поверхности. Большие пальцы выполняют синхронные зигзагообразные движения по направлению от голеностопного сустава к коленному. Затем следует сделать успокаивающее поглаживание на голени и передней поверхности бедра. После этого выполняют плоскостное поглаживание на стопе, при котором свободная рука массажиста поддерживает ногу пациента за пальцы.

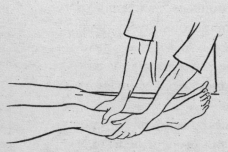

Рис. 109. Попеременное разминание мышц голени большими пальцами

При выполнении данного приема рука массажиста движется по направлению от основания пальцев к голеностопному суставу.

После этого проводится щипцеобразное поглаживание по краю стопы.

При поглаживании по внешнему краю стопы работает левая рука массажиста, а правая поддерживает ногу пациента за пальцы, на внутреннем края — наоборот.

При массировании правой ноги движения массажиста соответствующим образом меняются.

Следующий прием — растирание подушечками четырех пальцев. Осуществляют его обеими руками, которые движутся в противоположных направлениях. При выполнении данного приема участвуют сложенные вместе 1-й и

2-й пальцы. Серия разминающих приемов начинается со спиралевидного разминания большими пальцами. Перед его выполнением следует провести поглаживание на стопе.

При его выполнении массажист кладет руки на массируемую область так, чтобы остальные пальцы были расположены на подошве, а большие совершали синхронные движения от основания пальцев к голеностопному суставу.

После этого массажист 1-м, 2-м и 3-м пальцами одной руки выполняет спиралевидное разминание, а второй поддерживает массируемого за пальцы.

В заключение массажист выполняет успокаивающее поглаживание на стопе и переходит к массированию голеностопного сустава. Прежде всего выполняется поглаживание, при котором обе руки массажиста расположены на массируемой области таким образом, чтобы воздействие осуществлялось большими пальцами, а остальные поддерживали ногу пациента за пятку.

СОДЕРЖАНИЕ

Практическое издание

Здоровье ног
Избавляемся от варикоза, тромбофлебита и артроза

Автор-составитель **Сбитнева Е. М.**

Генеральный директор издательства *С. М. Макаренков*

Ведущий редактор *Ю. Н. Никитенко*
Выпускающий редактор *Е. А. Крылова*
Художественное оформление: *Е. Л. Амитон*
Компьютерная верстка: *Н. А. Гусева*
Корректор *Л. Е. Марштупа*

Издание подготовлено при участии ЛА «Софит-Принт»

Подписано в печать 01.11.2010 г.
Формат 84×108/32. Гарнитура «MyslC». Печ. л. 6,0
Тираж 5000 экз.

Заказ № 6132

Адрес электронной почты: info@ripol.ru
Сайт в Интернете: www.ripol.ru

ООО Группа Компаний «РИПОЛ классик»
109147, г. Москва, ул. Большая Андроньевская, д. 23

Отпечатано в типографии ООО «КубаньПечать».
350059, г. Краснодар, ул. Уральская, 98/2.